Être zen

365 petits moments de Sérénité

Être Zen

365 petits moments de Sérénité

Laurel Alexander

Illustré par Michelle Tilly

Éditions Contre-Dires
19, rue Saint-Séverin
75005 - Paris

Titre original : *Everyday Calm, 365 ways to a better way.*

TRADUIT DE L'ANGLAIS PAR MARINA DUVAL

Imprimé en Chine

ISBN : 978-2-84933-174-3

www.editions-tredaniel.com
info@guytredaniel.fr

Sommaire

Introduction

Ne serait-ce pas merveilleux d'être tout le temps calme? Quelle idée fabuleuse, n'est-ce pas? Ce petit ouvrage pratique présente une année entière d'activités faciles à réaliser pour vous aider à atteindre la sérénité au quotidien.

Le mot «stress» est trop souvent prononcé de nos jours. Il y a le «bon» stress, celui qui donne du ressort en cas de tâche importante à faire, et puis il y a le «mauvais» stress, qui ne fait pas beaucoup avancer les choses et représente une gêne permanente. Le stress chronique, si l'on a la malchance d'en souffrir, peut conduire à des maladies physiques et à une altération psychologique, et peut avoir des conséquences nuisibles sur votre vie quotidienne.

C'est donc une très bonne idée que d'essayer de gérer et de diminuer son état de stress. Ce livre ne garantit pas de vous en débarrasser une bonne fois pour toutes, mais il présente un grand nombre d'idées pratiques et très accessibles qui vous aideront à vous calmer et à profiter plus pleinement de la vie.

Vous pouvez chaque jour lire une idée qui vous encouragera à mettre en œuvre un moyen de vous calmer. Les conseils sont très variés : vous pourrez découvrir comment utiliser l'alimentation, les herbes, la méditation, l'exercice, les activités pratiques, les cristaux, les compléments vitaminés, les concepts philosophiques, les changements de mode de vie et le yoga pour influencer votre état de nervosité. Le livre est parsemé de notes intitulées « Calme instantané » pour les moments où vous avez besoin de calme de toute urgence. De temps à autre dans le livre, vous trouverez également entre les perles de sérénité des citations qui vous feront réfléchir et vous inspireront un retour au calme.

Le calme est un état d'esprit que l'on peut atteindre, et le stress n'est qu'une réaction face à un événement. Le même événement peut vous arriver à vous ou à moi, mais c'est la façon de chacun de voir les choses qui détermine sa réaction. Cet ouvrage vous aidera à découvrir toute une gamme de techniques pour vous permettre de rester calme face à l'adversité et vous faire aller vers une personnalité plus saine et plus détendue.

En effectuant de petits changements quotidiens, vous pouvez vous dépassé des habitudes génératrices de stress que vous avez acquises tout au long de votre vie, et libérer la sérénité bienfaisante qui sommeille en vous.

Comment utiliser ce livre

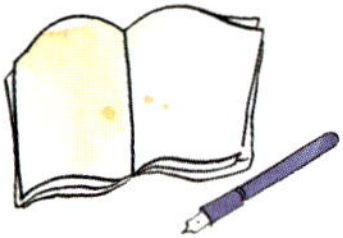

Si l'acquisition de ce livre fait partie de vos résolutions pour la nouvelle année, c'est parfait, mais, si vous l'avez acheté à un autre moment de l'année, ne vous en faites pas : il vous conviendra également. Il n'est pas nécessaire de le commencer le Jour de l'an; n'importe quel jour de votre choix fera l'affaire : rendez-vous au Jour 1 et cheminez d'un jour à l'autre dans l'ordre. Vous verrez que les mois ont soit 30 jours, soit 31, afin de refléter les véritables mois de l'année; il vaut donc sans doute mieux faire correspondre le mois dans lequel vous vous trouvez avec un mois présentant le même nombre de jours (le premier mois est un mois de 31 jours).

Au terme de chaque mois, vous trouverez une page pour évaluer votre progression. C'est là une simple occasion de réfléchir à ce que vous avez lu, et de voir si certaines idées fonctionnent pour vous. Vous y trouverez aussi un espace pour noter vos pensées et réfléchir à votre progression. Pas assez d'espace pour écrire? Rendez-vous aux pages en fin d'ouvrage, où vous pourrez finir de noter tout ce qui vous paraît important.

1 L'esprit en vacances

Calme instantané

VISUALISATION

Fermez les yeux, prenez une grande inspiration et détendez tout votre corps. Visitez en pensée votre endroit préféré. Après environ 10 minutes, ouvrez les yeux et revenez doucement à la réalité. Voyez comme vous vous sentez calme.

Les vacances ont un pouvoir extrêmement calmant, c'est pourquoi il est important d'en prendre. Ce sont des moments où l'on peut laisser la vie normale derrière soi, s'échapper et remettre son existence en perspective. Imaginez ce qui pourrait arriver si vous aviez la possibilité revisiter vos vacances dans votre tête, chaque fois que vous le souhaitez, sans avoir à prendre un seul jour de congé ni aucun avion. Ce serait comme un endroit où vous échapper chaque fois que la vie devient trop exigeante.

Rappelez-vous un endroit où vous avez passé des vacances; peut-être un paysage unique, en pleine nature, et qui vous donne un sentiment de sérénité. Gardez cette image à l'esprit et reposez-vous en pensant à ce lieu et en vous donnant le temps de savourer votre tranquillité. Exercez-vous régulièrement à ces vacances de l'esprit, et vous aurez toujours un sanctuaire bien à vous où vous échapper chaque fois que vous aurez besoin de retrouver votre calme.

2

Augmentez votre production de sérotonine

Comme le taux de sérotonine fabriqué par le cerveau permet de maintenir un bon rythme et une bonne qualité de sommeil et de réguler l'appétit et l'humeur, une baisse de cette hormone fait que l'on se sent moins calme que d'habitude. Ainsi, en période d'anxiété et de stress, le corps a besoin d'en produire davantage.

On peut y parvenir en augmentant sa consommation d'aliments contenant l'acide aminé que l'on appelle tryptophane, qui stimule la production de sérotonine et par conséquent apaise l'anxiété et favorise le retour du calme.

Parmi les aliments qui contiennent cet acide aminé, on trouve : le chocolat (super !), l'avoine, les bananes, les dattes séchées, le lait, le yaourt, le fromage blanc, le poisson, la viande (en particulier la dinde et le poulet), les graines de sésame, les pois chiches et les cacahuètes.

3

Un sachet « beaux rêves »

Il peut être très réconfortant et très efficace de dormir avec un sachet d'herbes aromatiques sous l'oreiller. Les herbes citées dans le mélange ci-dessous sont traditionnellement associées à un sommeil de bonne qualité et à de beaux rêves.
Combinez-les avec des huiles calmantes et créez un sachet « beaux rêves » que vous glisserez sous votre oreiller en vous couchant. Mélangez 1 tasse de fleurs de houblon, 1 tasse de pétales de rose et 1 tasse de fleurs de lavande. Ajoutez 5 gouttes d'huile essentielle de camomille et 5 gouttes d'huile essentielle de lavande.

Remplissez un sachet de coton à cordon ou un mouchoir de ce mélange, et fermez-le solidement à l'aide d'un joli ruban noué.

La posture du cadavre

4

Cette simple posture de yoga vous aidera à évacuer toute pensée qui cause de l'agitation en vous, et vous apportera un calme profond.

Couchez-vous sur le dos, les yeux fermés. Détendez tout votre corps et laissez-le s'enfoncer dans le sol. Concentrez-vous sur votre respiration; inspirez par le nez et remarquez le gonflement de votre abdomen. Expirez par la bouche et remarquez le dégonflement de votre abdomen. Répétez-vous les mots suivants : « esprit calme ». Si vous êtes distrait par quelque chose, ramenez votre attention sur votre respiration. Des pensées surgiront sans doute, mais ne les laissez pas vous distraire. Les intervalles entre ces pensées augmenteront au fur et à mesure, et la sensation de calme s'intensifiera.

Plus un homme devient serein, et plus il a de succès, d'influence et de pouvoir de faire le bien. La sérénité de l'esprit est l'un des joyaux magnifiques de la sagesse.

James Allen

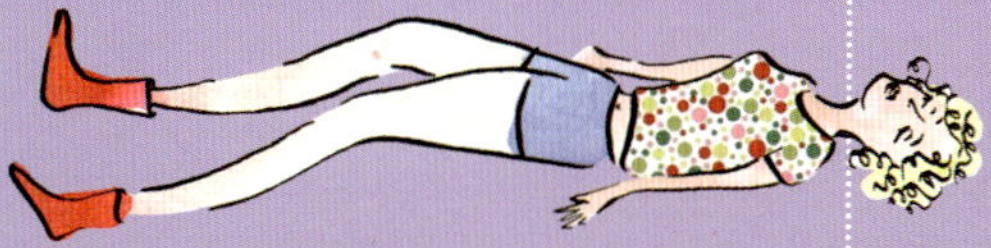

5 Allez nager

Difficile de faire mieux que la natation en matière de sport qui renforce le corps et calme l'esprit. La natation soulage l'esprit du stress et de la tension accumulés, régule la respiration, et favorise la circulation sans exercer de pression excessive sur les articulations.

Allez donc faire quelques longueurs aujourd'hui, juste pour le plaisir. Sentir son corps soutenu par l'eau sans avoir à fournir d'effort est très réconfortant, et les gestes répétitifs de la nage sont apaisants et propices à la méditation.

Glucides calmants

6

Les glucides sont excellents pour leur effet calmant sur le cerveau. Ainsi, si vous consommez des aliments riches en vitamine B6 et en glucides, vous devriez sentir la différence assez rapidement.

Les glucides les plus accessibles et les plus sains sont : les raisins secs (vous pouvez même les recouvrir de chocolat, bien sûr, c'est encore mieux !), les céréales complètes, les bananes et les pommes de terre.

Le petit-déjeuner est un repas important, car il vous prépare à affronter la journée, et c'est l'occasion parfaite de faire le plein de glucides calmants.

Calme instantané

SUGGESTION DE PETIT-DÉJEUNER

Essayez un bol de flocons d'avoine ou de muesli agrémenté de raisins secs et d'appétissants morceaux de banane. Ajoutez une cuillère à soupe de yaourt nature. Pas besoin de sucre ; votre petit-déjeuner sera suffisamment sucré grâce aux fruits que vous y aurez ajoutés.

7 Introspection

Calme instantané

MÉDITATION

Allongez-vous ou asseyez-vous dans un endroit calme, les yeux fermés. Inspirez et expirez régulièrement. Portez votre attention sur chaque partie de votre corps, tour à tour : d'abord, votre front, puis votre menton, vos épaules, votre cou, et ainsi de suite. Dites à chacune de ces parties du corps de se détendre et de se calmer.

Vous sentez-vous souvent agacé par les autres et finissez-vous par perdre votre calme? Peut-être n'est-ce pas votre jour, ou peut-être souffrez-vous de syndrome prémenstruel, mais, parfois, il peut ne pas y avoir de raison particulière au stress. On se sent alors prêt à se crêper le chignon avec quelqu'un pour la moindre broutille, ce qui peut être destructeur, pour ne pas dire dangereux.

C'est dans ces moments-là qu'il vous faut prendre une grande inspiration, faire un pas en arrière et vous demander pourquoi vous êtes si énervé. Peut-être que la personne que vous êtes en train d'attaquer vous rappelle une vieille tante trop critique envers vous, ou que cette personne ne fait que montrer une émotion que vous-même réprimez. Souvent, on peut se débarrasser d'un agacement sans fondement en analysant ses réactions et en étant honnête avec soi-même; on peut ensuite commencer à retrouver paix et équilibre.

Remettez les choses à leur place

8

Lorsqu'on est en colère, il est si facile de perdre temporairement son sens du recul par rapport à la vie. On a tendance à voir les aspects négatifs des situations, et il semble parfois impossible d'en voir les côtés positifs.

Pour vous aider à retrouver votre sang-froid, imaginez que vous vous regardez depuis l'autre côté de la pièce. Avec détachement, observez votre manière de vous comporter et les pensées qui traversent votre esprit. Imaginez que vous êtes votre propre meilleur ami ; quels conseils vous donneriez-vous pour vous aider à vous calmer et à mieux faire face à la situation ?

9 Améthyste de méditation

Calme instantané

TRAJET CALMANT

Si vous trouvez les trajets quotidiens trop stressants, mettez une améthyste dans votre poche pour pouvoir la tenir dans votre main lorsque vous sentez monter le stress. Vous serez surpris de voir à quel point ce simple geste est apaisant.

Les cristaux et les pierres semi-précieuses peuvent avoir un effet stabilisant sur le bien-être, et sont un bon point de concentration pour la méditation. L'améthyste, magnifique pierre mauve ou violette, est l'un des cristaux les plus efficaces à utiliser lorsqu'on est en proie à la colère ou au stress. Ses propriétés calmantes détendent l'esprit; elle possède une énergie légèrement sédative qui favorise l'apaisement, la joie et le contentement.

Si vous souhaitez méditer avec cette pierre, couchez-vous sur le dos et placez-la sur votre front, à l'emplacement de votre «troisième œil» (entre vos sourcils). Fermez les yeux, inspirez profondément et expirez à fond. Faites cela 6 fois de suite. À chaque inspiration, répétez-vous le mot «calme», et, à chaque expiration, le mot «détente».

Marchez vers le bonheur

10

La marche simple et ordinaire atténue le stress et favorise l'apaisement. Elle diminue la fatigue et donne de l'énergie pour les tâches quotidiennes. Si vous avez des difficultés à dormir, elle peut aussi favoriser un sommeil de bonne qualité. Une marche de 30 minutes peut faire des miracles, alors, au lieu de prendre le bus comme d'habitude, essayez d'aller au bureau ou d'en revenir à pied. Si vous êtes trop éloigné de votre lieu de travail pour cela, essayez de faire au moins une partie du trajet à pied, ou allez faire une promenade en marche rapide à l'heure du déjeuner ou pendant votre pause café. Ne vous contentez pas d'atteindre votre destination : regardez les gens, l'environnement et la nature qui vous entourent. Prenez votre temps et inspirez l'air frais (dans l'idéal). Prêtez attention au lieu où vous vous trouvez et à ce que vous faites, et laissez le calme vous envahir un peu plus à chaque pas que vous faites.

11 Remèdes homéopathiques

L'homéopathie est une médecine qui traite les «similitudes» à l'aide de solutions de remèdes hautement diluées qui favorisent la guérison. *Nux vomica* est un remède homéopathique qui convient aux accros du travail, aux personnes ambitieuses ayant l'esprit de compétition; en bref, tout sauf calmes. Si vous correspondez à ce profil, vous avez peut-être tendance à être trop critique envers vous-même et les autres.

Si vous êtes impatient et avez tendance à trop consommer de nourriture, de boissons et en particulier de café, vous verrez que Nux vomica peut vous aider à vous calmer. Prenez-en en 30 CH avant de dormir, et vous verrez que vous vous sentirez nettement plus guilleret le lendemain matin.

Bleu ciel

12

Vous vous sentez quelque peu agité ? La couleur bleue peut peut-être vous aider. Si vous possédez déjà des vêtements bleus dans votre garde-robe, choisissez-en un à porter aujourd'hui. Vous pouvez aussi installer un fond d'écran bleu ciel sur votre ordinateur, juste pour un jour.

Le bleu est la couleur du calme, du repos et de l'unité. Regarder du bleu détend le système nerveux central en activant la sécrétion d'hormones qui font baisser la tension. Lorsqu'on ne se sent pas bien, le besoin physiologique de bleu augmente bel et bien ! Le bleu est généralement associé avec la tranquillité, le contentement et un sentiment de paix.

Calme instantané

LAPIS CALMANT

Essayez de placer un morceau de lapis-lazuli outremer sur votre bureau pour pouvoir le regarder de temps en temps, et vous constaterez son effet calmant. Vous pouvez aussi porter des perles bleues ou turquoise, ou encore de l'agate bleue, de la sodalite, de la turquoise, de la topaze bleue ou de l'aventurine.

13 Un peu de douceur

Calme instantané

TASSE CALMANTE

Préparez-vous une grande tasse de chocolat chaud, mettez-vous à l'aise et attendez la venue du calme.

Tout le monde semble aimer le chocolat, et ce pour une bonne raison. En manger un peu de temps en temps n'est certainement pas aussi mauvais pour la santé que vous l'imaginez. Le chocolat est bourré de substances régulatrices de l'humeur, de sucre, glucide qui déclenche la sécrétion de sérotonine (hormone du bien-être) par le cerveau. Il contient aussi des graisses qui satisfont le besoin d'absorption de calories par le corps.

Le chocolat contient la même substance régulatrice de l'humeur que la marijuana, bien qu'en moindre quantité, et aussi de la caféine (beaucoup moins que le café, cependant). Le meilleur chocolat, si vous voulez bénéficier de ses effets calmants, est le chocolat noir.

Dites « je pourrais » et non « je devrais »

14

Combien de fois par jour employez-vous l'expression « je devrais » ? Avez-vous déjà remarqué à quel point ce mot ajoute à la pression que vous vous imposez à vous-même ? Peut-être votre voix intérieure est-elle sans cesse en train de vous dire que vous « auriez dû » faire ceci ou cela.

Le terme « devoir » sous-entend que l'on peut mieux faire ou que l'on fait mal quelque chose. Pensez plutôt à l'expression « je pourrais ». Ce mot donne le choix et atténue l'impact de ce que vous avez à faire. Si vous éradiquez l'expression « je devrais » et lui substituez « je pourrais », vous vous sentirez sans doute mieux et moins stressé. Juste pour aujourd'hui, essayez donc et voyez comme vous gagnez en maîtrise de vous-même et en calme.

15 Essayez l'acupression

L'acupression est une technique ancestrale qui utilise la pression des doigts sur des points précis du corps afin de stimuler le flux d'énergie vitale. On peut l'utiliser pour apaiser l'anxiété et favoriser le calme.

Essayez ce simple exercice d'acupression : serrez le poing pour faire ressortir vos tendons. Pour trouver le point d'acupression situé entre les deux tendons principaux sur l'intérieur de votre avant-bras, mesurez deux largeurs de pouce le long de votre avant-bras depuis le pli de votre poignet. Détendez votre main tout en appuyant sur ce point avec votre pouce, jusqu'à sentir une douleur « confortable ». Maintenez la pression tout en malaxant ce point en tout petits mouvements circulaires pendant une minute environ. Répétez le geste sur l'autre bras.

Voyez un ami

16

Aujourd'hui, prenez le petit-déjeuner, déjeunez, goûtez ou dînez avec un ami. Les amis se font un bien fou : ils s'écoutent, s'encouragent, se conseillent, s'amusent, échangent des futilités, partagent des confidences et sont tout simplement là l'un pour l'autre. Ils peuvent même s'aider en cas de problèmes matériels si nécessaire. Les bienfaits de l'amitié sont nombreux; elle permet, par exemple, d'être en meilleure santé et de vivre plus longtemps. En plus de cela, être l'ami proche de quelqu'un rend la vie plus amusante, plus intéressante et plus facile à supporter.

Un autre bienfait de l'amitié est qu'elle permet de développer une plus grande capacité à gérer le stress et les problèmes.

17 Du miel à la lavande

Calme instantané

FAITES DE BEAUX RÊVES !

Pour favoriser la venue du sommeil, vaporisez quelques gouttes d'huile essentielle de lavande sur votre oreiller avant de vous coucher.

La lavande a des propriétés apaisantes et sédatives, et elle est bien connue pour rééquilibrer le corps et l'esprit. Si vous aimez une bonne cuillerée de miel sur votre pain au petit-déjeuner, pourquoi ne pas le choisir à la lavande afin de profiter au maximum de ses propriétés calmantes ?

Prenez 226 g de miel de trèfle et quatre cuillères à soupe de boutons de lavande séchés. Faites chauffer le miel au bain-marie ; ajoutez la lavande et remuez. Continuez à remuer le mélange sur le feu pendant 30 minutes. Laissez ensuite reposer et refroidir un peu. Retirez la lavande et versez le miel dans un pot.

Poésie apaisante

18

Que vous composiez vos propres poèmes ou appréciiez ceux des autres, remplissez les pages de votre journal de poèmes que vous trouvez apaisants. Si vous n'êtes pas inspiré, ne vous en faites pas et contentez-vous de coucher vos pensées sur le papier de façon poétique. Cherchez des mots évocateurs et attrayants à vos oreilles.

Partez à la chasse de livres que vous aimez ou trouvez des paroles de sagesse sur Internet ou dans des magazines. Chaque fois que vous tombez sur une perle qui vous parle et vous enchante, copiez-la, découpez-la, imprimez-la et collez-la dans votre journal pour pouvoir la relire dans les moments où vous avez besoin de paroles calmantes et encourageantes.

Calme instantané

VOTRE JOURNAL

Décorer son journal est une activité satisfaisante et calmante. Prenez un simple cahier et remplissez-le de vos écrits, jour après jour. Pas la peine de préparer quoi que ce soit : contentez-vous de noter ce qui vous vient à l'esprit. Ensuite, prenez des crayons de couleur et griffonnez quelques dessins tout autour de vos écrits.

19 Soupe d'igname

Certaines recettes sont merveilleusement calmantes en plus d'être absolument délicieuses. Cet aliment merveilleux à faible index glycémique (voir page 45) qu'est l'igname a un effet apaisant associé à une saveur légèrement épicée qui remonte le moral. Il est très facile d'en faire une soupe délicieuse.

Faites fondre 40 g de beurre dans une casserole, et faites-y revenir la moitié d'un oignon et la moitié d'une gousse d'ail à feu doux. Dans une autre casserole, faites griller à sec 4 cuillères à café de graines de cumin pendant 2 minutes. Ajoutez-les ensuite à l'oignon et à l'ail avec la moitié d'un igname pelé et coupé en tranches, de l'eau et un cube de bouillon de poulet. Faites mijoter pendant 10 minutes ou jusqu'à ce que l'igname ramollisse. Passez ensuite au mixeur, et servez avec une cuillerée de fromage frais délicieusement crémeux.

Créez un mélange aromatique

20

Après une activité particulièrement stressante, comme boucler un projet à temps, essayez cette méthode simple consistant à brûler des huiles essentielles calmantes pour créer chez vous une atmosphère propice à la détente.

Allumez une grosse bougie; attendez quelques instants pour laisser à la cire sur le dessus le temps de fondre, puis éteignez la bougie. Ajoutez un mélange de 2 gouttes d'huile essentielle de genévrier, 2 gouttes d'huile essentielle de bois de cèdre et 2 gouttes d'huile essentielle de bergamote à la cidre fondue, avant de rallumer la bougie.

Mettez de la musique apaisante, ôtez vos chaussures, tamisez la lumière, installez-vous confortablement et savourez un verre de vin !

Calme instantané

UNE BOUGIE SUFFIT

Essayez simplement d'allumer une bougie; elle aura un effet calmant immédiat sur tout le monde dans la pièce.

21 Image apaisante

La visualisation, méthode selon laquelle on imagine quelque chose tellement fort que cette chose semble «réelle», mentalement et physiquement, est une manière d'influencer puissamment son humeur.

Essayez cette visualisation apaisante : imaginez quelque chose qui vous suggère le calme, mais voyez-le en grand. Vous pouvez vous représenter un immense chêne aux branches déployées, un bassin d'eau douce, la paume de Bouddha ou du Christ, les bras d'une mère ou un grand nuage de lumière rosée, ou toute autre image qui vous plaise. Emplissez tout votre esprit de cette vision.

Nous ne sommes pas des êtres humains faisant un voyage spirituel. Nous sommes des êtres spirituels faisant un voyage humain.

Pierre Teilhard de Chardin

Dansez pour vous calmer

22

Si vous vous sentez stressé, une bonne manière de libérer ce stress est de vous mettre à bouger. Le plus simple et le plus rapide est de mettre la musique à fond et de danser. Choisissez le style que vous voulez, plus ce sera énergique, mieux ce sera.

Bouger en musique stimule les sens, et c'est excellent pour le corps et pour l'esprit. Danser fera de vous une personne plus calme, plus en forme, plus sensuelle et bien plus assurée !

Calme instantané

PETIT FOOTING

Si vous n'aimez pas danser, peut-être trouverez-vous un footing plus à votre goût. Courir aura le même effet calmant que la danse. Enfilez une tenue de sport confortable, attrapez votre bouteille d'eau et c'est parti !

23 Pot-pourri

Calme instantané

CONCENTRATION

Asseyez-vous devant votre pot-pourri pendant 10 minutes. Fixez-le avec les yeux mi-clos ou complètement fermés. Concentrez-vous sur votre respiration, regardez le souffle venir en vous puis vous quitter. Ouvrez les yeux, et vous sentirez le calme imprégner tout votre corps.

Les pots-pourris sont des mélanges de fleurs qui rendront votre maison plus agréable. Vous pouvez les disperser dans toutes les pièces après les avoir disposés dans de jolies coupelles pour les rendre encore plus attrayants. Ils feront en outre d'excellents points sur lesquels vous concentrer.

Pour un arôme réellement calmant qui convient à toutes les pièces, mélangez 2 tasses de boutons de lavande séchés, 1 tasse de feuilles de géranium rosat séchées, 1 tasse de romarin séché, 30 g de racine d'iris et de 3 à 6 gouttes d'huile de lavande. Placez le mélange dans un récipient fermé hermétiquement. Laissez-le macérer 4 à 6 semaines en le remuant quotidiennement. Lorsque l'arôme s'estompe, ajoutez seulement quelques gouttes d'huile de lavande, de romarin et de géranium rosat et mélangez le tout, que vous disposerez ensuite dans une jolie coupelle.

Nouez des liens

24

Des rapports sains et heureux avec la famille proche, les amis et les connaissances sont importants pour la paix de l'esprit. Accepter l'aide et le soutien de ceux qui vous aiment et qui sont prêts à vous écouter renforcera votre capacité de résistance en période de crise.

Le fait de faire partie activement d'une communautélaïque ou religieuse ou de tout autre groupe local peut vous fournir le soutien social dont vous avez besoin et vous aider à retrouver l'espoir, quelle que soit la raison de votre détresse. Vous pourrez aussi aider les autres à votre tour.

Aider les autres lorsqu'ils en ont besoin peut aussi vous permettre de nouer des liens. Réfléchissez à vos réseaux sociaux : comment établissez-vous des relations? Avec qui? Comment ces réseaux vous profitent-ils?

Calme instantané

SOURIEZ

Aujourd'hui, décidez de sourire à tous ceux que vous rencontrerez, que vous les connaissiez ou non.

25 Parfum lumineux

Parfumez votre vie de senteurs calmantes. Prenez un disque parfumé (un objet en céramique que l'on imprègne de quelques gouttes d'huile essentielle) et placez-le au-dessus d'une ampoule ordinaire (utilisez, par exemple, votre lampe de chevet). La chaleur de l'ampoule libérera les vapeurs aromatiques dans l'air de la pièce.

Une autre idée : versez quelques gouttes d'huile essentielle directement sur une ampoule ou une lampe de bureau froide, puis allumez la lumière.

Sélectionnez une combinaison des huiles essentielles apaisantes suivantes : camomille romaine, ylang-ylang, bois de santal, encens, bois de rose ou sauge sclarée.

Prenez votre demi-journée

26

Prenez un congé d'une demi-journée, pendant laquelle vous ne ferez absolument rien. Allez boire un thé ou un café, flânez en ville ou allez vous promener en pleine nature, ou encore passez la moitié de la journée au lit. Évitez d'utiliser votre téléphone ou votre ordinateur; mangez et dormez quand vous voulez. Laissez la joie de ne pas travailler vous apporter la sérénité.

Attendez vendredi

27

Si vous êtes du genre à vous inquiété sans arrêt, essayez de garder tous vos soucis pour le vendredi après-midi. Le temps d'y êtrei, vous aurez déjà probablement oublié la moitié de vos problèmes, et le reste se sera résolu tout seul.

28 Mangez pour dormir

Calme instantané

ENCAS APAISANT

Pour un encas de fin de soirée, essayez des biscuits pauvres en graisses, un verre de lait, du popcorn ou des fruits frais avec un yaourt.

Vous constaterez qu'il est bien plus facile de garder son calme au quotidien quand on dort bien. Il existe un lien crucial entre ce que l'on mange et la qualité du sommeil, alors évitez les repas lourds tard dans la soirée car ils activent la digestion et empêchent de dormir.
Les aliments épicés et générateurs de ballonnements peuvent aussi contribuer à un sommeil agité, voire à des insomnies. Un verre ou deux de votre boisson alcoolisée préférée sera sans doute toléré par votre corps, mais trop d'alcool agira comme un stimulant qui vous empêchera de dormir. En revanche, saviez-vous qu'un faible taux de sucre dans le sang dû au manque de nourriture peut aussi provoquer des insomnies? La meilleure solution est de prendre le repas du soir assez tôt et un encas léger avant de vous coucher si vous avez un petit creux.

Le don du hatha yoga

29

Dérivé des deux mots sanskrits « ha » (« soleil », ou « souffle du soleil ») et « tha » (« lune », ou « souffle de la lune »), le hatha yoga est la forme la plus populaire de yoga et sert de base à de nombreuses variantes. Une posture typique du hatha yoga est celle du crocodile, dont vous pourrez constater les effets calmants.

Allongez-vous sur le ventre, les jambes légèrement écartées, les orteils en contact et les talons retombant sur les côtés. Utilisez vos mains comme oreiller. Étirez votre corps, tendez et détendez vos muscles. Sentez votre corps s'enfoncer dans le sol lorsque vous expirez.

30 Rire cosmique

Calme instantané

BOUDDHA RIEUR

Essayez cette méditation pour vous aider à rire sans aucune raison. Au réveil, étirez tout votre corps, soulevez les coins de votre bouche et riez. Ce rire forcé stimulera un rire véritable et affectera votre humeur pour le reste de la journée. Faites-le pendant 5 à 10 minutes.

Le rire est un moyen extrêmement efficace d'évacuer le stress et de se calmer. Médicalement, il est prouvé que le rire abaisse la tension, diminue le taux d'hormones de stress et stimule les fonctions immunitaires. Le rire déclenche également la sécrétion d'endorphines, antalgiques naturels du corps, et crée une sensation de bien-être général.

La joie spontanée est quelque chose qui arrive naturellement, grâce à la détente et à l'amusement. Aujourd'hui, donc, prenez la résolution de chercher davantage d'événements drôles, ridicules ou incongrus dans le quotidien autour de vous.

Brossez votre aura

31

L'aura est le champ énergétique qui entoure le corps physique. On peut la caresser et la frôler afin de la calmer.
Essayez de prendre une plume blanche pour effleurer votre aura et obtenir le même effet qu'en brûlant un bâton d'herbes (voir page 49). Passez la plume très légèrement sur tout votre corps de l'intérieur vers l'extérieur afin de chasser la négativité. Vous pouvez aussi utiliser vos doigts pour disperser l'énergie négative dans l'atmosphère.
Imaginez tous les petits grains de négativité balayés et ramassés dans un récipient. Lorsque ce récipient est plein, voyez-le partir dans l'espace pour y être vidé, vous laissant imprégné d'un sentiment de calme et de repos.

Calme instantané

Ancrage

Des activités ordinaires peuvent calmer et enraciner. Essayez par exemple de laver votre visage et vos mains à l'eau froide.

check-list 1

Quels progrès ?

Que vous ayez essayé plusieurs idées ou une seule ce mois-ci, il est bon de méditer sur ce que vous avez choisi d'expérimenter et pourquoi, et de voir si cela vous a réussi.

1. Combien d'activités avez-vous essayées ce mois-ci ?

- 1–3 activités ☐
- 4–10 activités ☐
- 11–20 activités ☐
- 21–31 activités ☐

2. Combien de ces activités avez-vous renouvelées plusieurs fois au cours du mois ?

- 1–3 activités ☐
- 4–10 activités ☐
- 11–20 activités ☐
- 21–31 activités ☐

3. Quelles activités ont eu un effet positif sur votre humeur ce mois-ci ?

Utilisez la page ci-contre pour consigner ce qui vous a réussi et ce qui ne vous a pas réussi.

Notes, remarques et pensées

32 Arrêtez les pensées

Calme instantané

PANNEAUX STOP

Lorsque vous êtes en voiture et que vous voyez un panneau stop, rappelez-vous la visualisation d'aujourd'hui. N'oubliez pas d'arrêter également la voiture !

Si un souci ne veut pas vous laisser tranquille, utilisez la technique prodigieuse qui consiste à arrêter ses pensées. Prenez quelques minutes pour vous asseoir, fermer les yeux et vous dire en silence : « stop » ou « allez-vous-en ».

Vous pouvez visualiser un panneau rouge où figure le mot « stop ». Vous pouvez aussi, si cela vous aide, porter un élastique à votre poignet comme pense-bête, que vous pincerez chaque fois que vous voudrez arrêter une pensée.

Regardez les étoiles

Méditer sur l'espace, le ciel et les étoiles vous sortira temporairement de votre quotidien en vous permettant de vous concentrer sur la vie extérieure, au-delà de vous-même et de votre monde. Vous pourrez ainsi vous perdre dans un sentiment de calme, et il vous sera plus facile de rendre à vos soucis leur juste place.

Asseyez-vous, de préférence dans un endroit sombre et calme à l'extérieur, et observez le ciel. La vaste étendue céleste est incroyablement fascinante ; vous verrez que vos problèmes vous sembleront soudain petits et insignifiants face à ce spectacle.

34 Ancrez votre chakra fondamental

Calme instantané

L'ŒIL DU TIGRE

Portez sur vous une pierre appelée œil-de-tigre pour vous aider à vous sentir ancré, optimiste, calme et équilibré.

Le champ énergétique qui entoure le corps est appelé « corps d'énergie subtile », ou aura, et s'étend au-delà du corps physique. Il est composé de niveaux d'énergie oscillant autour du corps, comme une bulle opalescente en forme d'œuf. Dans cette bulle, reliés à votre canal rachidien, se trouvent les centres que l'on appelle chakras.

Le chakra fondamental (relié à la base de la colonne vertébrale) correspond au besoin de stabilité et de sécurité. Si l'on ne se sent pas stable ou en sécurité, la capacité à rester calme en est affectée, et ce chakra est peut-être en déséquilibre. Vous pouvez y remédier en vous imaginant comme un arbre solidement ancré grâce à des racines partant de vos pieds et s'enfonçant très loin dans la terre.

Traquez l'index glycémique

35

La consommation de glucose exerce une grande influence sur l'humeur. L'index glycémique (IG) est une mesure de l'effet des glucides sur le taux de glucose du sang ; les glucides qui se décomposent rapidement lors de la digestion et libèrent du glucose dans le sang ont un index glycémique élevé (par exemple le chocolat), tandis que ceux qui se décomposent lentement et libèrent progressivement du glucose dans le sang ont un index glycémique faible et fournissent davantage d'énergie tout en ayant un effet calmant sur l'organisme.

Aujourd'hui, commencez à inclure davantage de fruits et de légumes dans votre alimentation. Ajoutez également du pain aux céréales, des pâtes, des légumes secs, du lait et d'autres aliments pauvres en glucides comme le poisson, les œufs, la viande, les noix et les huiles.

36 Goûtez l'ananas au miel

La sérotonine, hormone du bien-être, ne peut être sécrétée par le corps sans tryptophane, et, sans sérotonine, on a tendance à se sentir déprimé. L'ananas est une source naturelle de tryptophane non négligeable à inclure dans votre alimentation.

Cette recette simple fera un dessert ou un encas délicieux. Mélangez un demi yaourt, deux cuillères de miel, et un peu de gingembre cristallisé. Couvrez le tout et mettez au à réfrigérateur. Pour servir, versez le mélange crémeux sur le contenu d'une petite boîte au sirop d'ananas bien froide ou sur de morceaux d'ananas frais.

Marche méditative

37

Essayez cette simple marche méditative pour calmer un esprit troublé. Commencez par marcher à un rythme normal. Soyez bien conscient de votre pied et sentez votre talon entrer en contact avec le sol. Votre pied se déroule ensuite sur la plante, se soulève puis se déplace de nouveau en l'air.
Pensez aux différentes sensations dans vos pieds, vos chevilles et vos jambes. Soyez conscient de tout votre bassin : un côté se déplace vers l'avant tandis que l'autre côté recule. Remarquez la rotation opposée de vos épaules par rapport à vos hanches. Soyez conscient du mouvement de vos bras et de vos mains, et prêtez attention à votre cou et aux muscles qui soutiennent votre crâne. Détendez votre mâchoire et donnez à votre regard une concentration douce, pas trop soutenue. Enfin, arrêtez-vous et contentez-vous de savourer la sensation d'une station debout et calme.

Il n'y a absolument aucune raison de se hâter pour suivre la précipitation générale. Tout le monde devrait être libre d'aller lentement.

Robert Frost

38 Ginseng asiatique

Calme instantané

Décoction calmante

Placez 15 g d'écorce de cannelle, un morceau de racine de ginseng d'1 cm et 500 ml d'eau dans une casserole. Amenez à ébullition et laissez mijoter à feux doux à couvert pendant 20 minutes. Tamisez et buvez 2 fois par jour.

Le ginseng asiatique est employé par les herboristes depuis plus de 5000 ans. Il est utilisé pour augmenter la résistance et le bien-être, et il est depuis longtemps réputé pour aider le corps à gérer le stress.

On peut consommer du ginseng dans une soupe coréenne appelée *samgyetang* (parfois appelée soupe de poulet au ginseng). Cette soupe est faite avec un jeune poulet entier bouilli et farci de riz gluant dans un bouillon de ginseng coréen, de jujubes séchés épépinés, d'ail et de gingembre.

Avertissement : vous devez impérativement consulter un herboriste de profession ou un pharmacien avant de prendre toute forme de ginseng.

Brûlez votre stress

39

Il existe une technique consistant à brûler certaines herbes comme la sauge, le cèdre ou l'herbe aux bisons afin de créer un bain de fumée purifiant à la fois pour les personnes et pour l'espace dans lequel elles se trouvent.

Brûler des herbes est un rituel purificateur permettant de protéger le corps physique et le corps spirituel. La fumée chasse les énergies négatives, après quoi l'on se sent positif, équilibré et calme.

Vous pouvez vous procurer des bâtons de sauge à brûler dans le commerce. Il suffit de les allumer et de laisser la fumée flotter autour de votre corps et dans toute la pièce.

40 Calme créatif

Calme instantané

ART LIBRE

Prenez une feuille de papier blanc et un ensemble de feutres de couleur. Sans réfléchir, commencez spontanément à dessiner en laissant votre main se déplacer là où bon lui semble.

Utiliser la peinture ou le dessin comme moyen d'évacuer la pression n'a rien à voir avec la technique ou le talent. Il s'agit de griffonner avec des couleurs et de créer des motifs en jouant avec les formes.

Vous pouvez utiliser un fusain, un crayon noir, des pastels ou de la peinture, et pourquoi pas des accessoires de travaux manuels comme des paillettes, du fil chenille, des stylos de couleur, des étoiles et autres formes autocollantes, ou encore de la pâte à modeler ou de la glaise.
Le potentiel de l'art en tant qu'outil thérapeutique a été révélé après la Seconde Guerre mondiale, lorsque les survivants l'ont utilisé dans les hôpitaux et les centres de réhabilitation pour surmonter les traumatismes qu'ils avaient vécus. C'est un bon moyen d'évacuer les émotions et de calmer son esprit.

Qui sont vos amis ?

41

Faites une liste des amis dont vous vous sentez le plus proche, en incluant ceux qui ont été pour vous une source de relations chaleureuses dans le passé. Répertoriez ceux dont vous aimeriez vous rapprocher. Enfin, faites une troisième liste de ce dont vous aimeriez parler ou de ce que vous aimeriez faire avec chacun d'entre eux. Y a-t-il quelqu'un à qui vous aimeriez passer un coup de fil, là, tout de suite ?

Le quartz rose

42

Le quartz rose, que l'on associe à l'amour et à l'autoguérison, est un quartz d'un rose pâle à moyen. C'est une pierre qui dégage de l'amour et une chaleur douce, et peut aider à guérir de blessures et de douleur affectives. Le simple fait d'en avoir une près de vous, pourquoi pas sur votre bureau, peut vous aider à vous calmer et à laisser entrer la paix dans votre cœur.

43 Un oreiller pour de beaux rêves

Pour une nuit de sommeil apaisante, confectionnez-vous un oreiller de rêve. Mélangez les herbes séchées suivantes et gardez-les pendant 7 jours dans un récipient fermé hermétiquement : une tasse d'armoise, une tasse de lavande, une tasse de houblon, une tasse de romarin et deux tasses de pétales de rose.

Pliez ensuite une bande de tissu de 12 x 30 cm en deux, fermez les deux extrémités latérales par une couture et laissez le dessus ouvert. Retournez l'oreiller sur l'endroit et placez une petite poignée de matériau de rembourrage au fond de l'oreiller, puis ajoutez-y un peu du mélange d'herbes avant de mettre une autre couche de rembourrage, et ainsi de suite. Le rembourrage permet de rendre l'oreiller plus confortable si vous voulez dormir dessus. Fermez l'oreiller par une couture, et placez votre oreiller de rêve dans une taie et profitez d'une bonne nuit de sommeil.

Découvrez votre ligne d'équilibre

44

L'équilibre est une métaphore de la vie. Si l'on est en déséquilibre, alors notre vie l'est également. On peut retrouver l'équilibre en étant conscient de son centre ; la technique Alexander rééduque le corps grâce à des principes physiques et psychologiques. L'exercice suivant peut vous aider à établir un équilibre physique :

1. Prêtez attention à la façon dont vous distribuez votre poids sur vos pieds. Regardez vos talons de chaussures.
2. À l'aide d'un miroir, regardez votre ligne d'équilibre (une ligne imaginaire partant du sommet de votre tête, passant par votre colonne vertébrale, vos hanches, vos genoux et vos talons et se terminant dans le sol).
3. Debout sur vos deux pieds, oscillez lentement d'avant en arrière et vice-versa.
4. Réduisez progressivement l'ampleur des mouvements d'oscillation, jusqu'à ce que vous ayez trouvé ligne d'équilibre optimale.

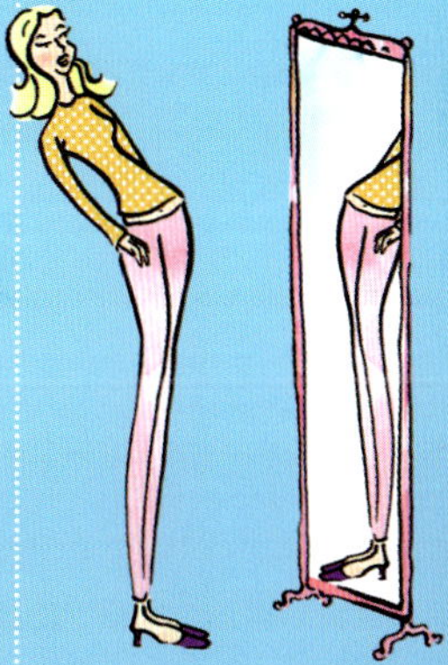

45 Essayez le qi gong

Le qi gong est une discipline chinoise ancestrale dans laquelle l'énergie est utilisée pour combattre la maladie et favoriser la longévité. Essayez cet exercice pour vous calmer.

Debout, les pieds écartés de la largeur de vos épaules, les genoux légèrement fléchis et le coccyx rentré, levez la tête et rentrez le menton. Regardez devant vous et détendez vos épaules, les bras ballants et les paumes en direction de vos cuisses. Tournez vos paumes vers l'avant et inspirez. Arrondissez les bras et amenez-les à hauteur de votre tête, coudes légèrement fléchis en vous redressant. À présent, tournez les bras afin que vos paumes se retrouvent face au sol. Expirez. Descendez vos bras arrondis en direction de vos cuisses, en fléchissant les genoux et en tournant les paumes vers l'arrière. Répétez 4 fois. Inspirez et redressez-vous, puis retournez vos paumes contre vos cuisses.

Examinez votre corps

46

Asseyez-vous ou allongez-vous confortablement, détendez votre corps, fermez les yeux et prenez de grandes inspirations. Examinez mentalement un muscle en particulier en inspirant. En expirant, imaginez que la tension s'évacue à mesure que le muscle se détend. Après quelques respirations, déplacez votre attention sur une autre zone. Examinez systématiquement votre corps tout entier : commencez par votre cuir chevelu puis passez à votre visage, vos yeux, votre mâchoire, votre cou, vos épaules, vos bras, vos mains, votre dos, vos cuisses, vos jambes et enfin vos pieds. Pour chaque zone tendue, répétez-vous mentalement : « la chaleur et la lourdeur envahissent mon/ma… ». Si votre esprit s'égare, ramenez votre attention dans le droit chemin et continuez d'examiner votre corps jusqu'à ce que vous vous sentiez complètement détendu.

47 Trouvez l'inspiration chez les plantes

Les plantes que l'on peut faire pousser et cultiver soi-même ont réellement un effet calmant, et flâner dans un magasin de jardinage peut être très propice à la détente. Quelle que soit l'époque de l'année, il y a toujours quelque chose à regarder et des tonnes d'inspiration à trouver.

Que vous soyez à la recherche de plantes d'intérieur pour décorer votre maison, de cactus à mettre en vitrine ou de plantes d'extérieur comme des arbustes pour étoffer votre jardin, vous trouverez quelque chose d'agréable à entretenir et à cultiver.

Le réconfort du peuplier tremble

48

Les fleurs de Bach sont des essences de fleurs dans de l'alcool conçues pour avoir un effet sur les émotions. Le remède appelé Aspen (peuplier tremble) est à utiliser si vous avez des peurs vagues dont vous ne connaissez pas l'origine. Il peut vous être impossible de trouver une explication à ces craintes ; vous le savez, et pourtant vous vous sentez toujours terrifié et persuadé que quelque chose de négatif va se passer.

Ces peurs vagues et sans raison apparente vous hantent peut-être jour et nuit. Le moment où vous avez sans doute le plus besoin de ce remède est lorsque vous vous réveillez en pleine nuit après avoir fait un cauchemar, même si vous avez déjà oublié le rêve lui-même. Peut-être avez-vous peur de parler de vos soucis avec autrui. Prenez ce précieux remède de Bach pour vous aider à atteindre la paix intérieure et à vous sentir en sécurité et rassuré.

49 Affirmez-vous

S'affirmer, c'est être calme. Vous pouvez suivre cette liste pour retrouver la maîtrise de vous-même :

- Examinez vos droits, ce que vous voulez, ce dont vous avez besoin et ce que vous ressentez face au problème en question.
- Décidez d'une heure et d'un endroit pour discuter du problème.
- Définissez le problème aussi précisément que possible.
- Décrivez vos sentiments à autrui en utilisant des messages à la première personne.
- Exprimez votre requête en étant clair, précis et ferme.
- Renforcez votre argumentation en décrivant les conséquences positives ou, parfois, les conséquences négatives.

Créez un mantra

50

Un mantra est un son, ou une phrase, que l'on répète et qui possède un effet transformateur. Le fait de répéter un mot produit une vibration physique dans le corps qui peut avoir un effet positif. Si l'on dit le mot « calme » encore et encore, alors on commencera à réellement se sentir calme.

Un autre aspect des mantras est l'intention. Si la vibration physique est associée à l'intention de provoquer quelque chose, alors cette vibration présentera une composante mentale qui influencera le résultat du mantra. Voici quelques indications à suivre pour créer un mantra de calme : formulez votre mantra au présent, faites-le concis et direct, croyez au fait qu'il est d'ores et déjà une réalité, et imaginez l'arrivée de cette réalité positive de calme.

Calme instantané

FAITES COMME SI

Chaque fois que vous avez besoin de stimuler votre confiance dans un projet à venir, pensez à « faire comme si », en vous comportant comme si votre désir était déjà devenu réalité.

51

Vitamines du calme

Les vitamines B sont 8 vitamines solubles dans l'eau qui jouent un rôle important dans le métabolisme des cellules. Ensemble, elles aident à combattre les symptômes et les causes de stress, et à préserver le calme.

Toutes les vitamines B sont dispersées dans le corps. La plupart doivent être reconstituées chaque jour, car tout excès est évacué dans les selles. Afin d'augmenter votre apport en vitamines B aujourd'hui et stimuler votre système nerveux, ajoutez à votre repas une pomme de terre en robe des champs avec du thon, ou encore une soupe de dinde aux lentilles avec des piments.

Stop à la surcharge d'informations

52

Réfléchissez à la quantité d'informations que vous absorbez en une seule journée. Vous écoutez la radio, regardez la télévision, parlez au téléphone, surfez sur Internet, voyez des amis, parlez avec des collègues au travail, courez dans les magasins, répondez à des e-mails et traversez la ville en voiture.

Seulement pour aujourd'hui, éteignez votre portable, votre ordinateur et votre télévision. Réduisez la surcharge d'informations qui vous assaille habituellement, et traversez votre journée en roue libre, sans technologie et avec aussi peu d'informations que possible. Vous constaterez un effet très calmant.

Calme instantané

MOINS, C'EST PLUS

Quand la complexité de votre vie devient étouffante, dites-vous que « moins, c'est plus ».

53 Respiration alternée par le nez

Pour vous calmer ou apaiser un mal de tête, essayez cet exercice de respiration yogique. Fermez votre narine droite avec votre pouce droit, et inspirez par votre narine gauche pendant 4 secondes. Fermez votre narine gauche avec votre annulaire et auriculaire droits tout en ôtant votre pouce de votre narine droite, et expirez par cette narine droite, pendant 8 secondes. Vous êtes maintenant à la moitié de l'exercice.

Inspirez par votre narine droite en comptant 4 secondes. Fermez la narine droite avec votre pouce droit et expirez par votre narine gauche en comptant 8 secondes. La boucle est maintenant bouclée et vous avez accompli un exercice entier.

Commencez par répéter l'exercice 3 fois, et ajoutez-en un par semaine jusqu'à atteindre un total de 7 exercices complets à la suite.

Lisez un livre

54

La fiction est un excellent moyen de faire une pause rapide et immédiate et de se transporter instantanément dans un autre monde. Il y a quelque chose d'extrêmement relaxant à cesser l'activité en cours pour se concentrer sur des mots qui ont été assemblés de sorte à procurer du plaisir au lecteur. La lecture fait oublier les problèmes, elle a un effet thérapeutique et calme bien des débats.

Bernardin de Saint-Pierre a dit un jour, et à juste raison, « Un bon livre est un bon ami. » ; ce peut également être un luxe si vous ne trouvez pas le temps de le faire très souvent. La lecture est un moyen facile et rapide de nourrir son âme, car on s'y adonne souvent seul. Installez-vous confortablement dans un fauteuil ou sur un canapé, et essayez donc.

55 Bain anti-stress

Faites couler un bain chaud et ajoutez un mélange d'huiles essentielles à votre bain moussant : 24 gouttes de néroli, 12 gouttes de sauge sclarée, 12 gouttes de lavande et 6 gouttes de bois de cèdre. Allumez des bougies, mettez de la musique douce et plongez avec délices dans cet océan de détente.

Avant de commencer à vous savonner, allongez-vous et fermez les yeux. Prenez quelques grandes respirations, et laissez la tension vous quitter et se disperser dans l'eau. Imaginez avec chaque inspiration que vous inspirez de la détente et de la tranquillité d'esprit.

Gérez le changement

56

Comment réagissez-vous au changement ? Y résistez-vous parce qu'il vous semble être une menace ? Lorsqu'on en est l'auteur, on a davantage la sensation de le maîtriser, mais, s'il nous « tombe dessus » (par exemple, un licenciement dû à une compression du personnel), on ressent souvent de la colère et on a l'impression de plus rien contrôler ; on est tout sauf calme.

C'est dans les moments de changement imposé qu'il est bon d'essayer de modifier sa vision des choses et de voir la situation comme l'occasion de conséquences positives inattendues. Dans ces moments-là, les habitudes peuvent aider à préserver son équilibre, car ce sont des éléments que l'on maîtrise ; on peut par exemple aller promener le chien. La stabilité et la familiarité favorisent le calme. Pensez à un changement qui s'opère dans votre vie en ce moment, à moins qu'il soit. Quels sont les éléments sur lesquels vous pouvez agir, et ceux que vous ne maîtrisez pas ?

57 Pédicure dynamisante

Vous chouchouter en vous offrant par exemple une pédicure peut vous apporter le calme au milieu de la tempête.

1. Diluez votre huile essentielle préférée dans de l'eau chaude, et trempez-y vos pieds pendant 10 minutes.
2. Séchez vos pieds et exfoliez-les, en particulier aux talons. Ôtez la peau sèche avec un mélange d'huile d'olive et de sel ou de sucre, et rincez.
3. Coupez vos ongles avec un coupe-ongles et limez-les à la longueur de votre choix.
4. Massez vos pieds avec une crème grasse. Appliquez de l'huile pour cuticule sur vos ongles, afin d'adoucir et de revitaliser les zones rugueuses.
5. Utilisez un bâtonnet pour repousser proprement les cuticules.
6. Appliquez une première couche de vernis à ongles transparent, puis deux autres couches minces de la couleur de votre choix. Fignolez avec une couche de vernis incolore.

Essayez le bois de santal

58

L'huile essentielle de bois de santal calme l'esprit et procure un sentiment d'harmonie. C'est un produit naturel parfait quand on mène une existence effrénée et que l'on est sujet au stress. Essayez de la mélanger avec de l'ylang-ylang (qui apaise la tension) et de mettre le tout dans un brûle-parfum. La senteur imprégnera toute votre maison et vous aidera à vous sentir plus calme.

La citrine pour le bien-être

59

La pierre précieuse appelée citrine a une teinte jaune-vert pâle. Elle sera comme une amie qui vous encouragera et vous donnera confiance en vous. Ses propriétés émotionnelles sont l'optimisme, l'espoir et la chaleur. Portez de la citrine sur vous pour vous aider à chasser la négativité, vous inspirer de l'enthousiasme, et vous apaiser.

60 Broderie apaisante

De nombreux travaux manuels sont répétitifs et donc très calmants. Avez-vous déjà essayé la broderie ? C'est une activité très apaisante, beaucoup plus facile à apprendre qu'on imagine, et ce peut être un excellent moyen de personnaliser ses vêtements. Par exemple, vous pouvez donner à un vieux jean une nouvelle vie en brodant des fleurs aux couleurs vives sur une jambe ou une poche.

En plus d'utiliser du fil à broder traditionnel, vous pouvez utiliser d'autres matériaux comme du fil métallique, des petites perles, des plumes et des sequins. Vous pouvez aussi broder à la machine à coudre. Cherchez sur Internet des sites destinés aux débutants, ou regardez des livres de broderie dans les magasins pour vous en inspirer. Vos doigts agiles seront bientôt impatients de pratiquer cette activité calmante et très utile.

Massage de la tête

61

Un massage de la tête vous détendra et vous calmera, même si vous le faites vous-même. Massez votre tête avec un peu d'huile d'amande douce en commençant par les côtés, en montant vers le sommet de la tête puis en redescendant sur le devant, puis sur l'arrière de la tête.

Saisissez des poignées de cheveux aux racines et tirez doucement en gardant vos phalanges près du cuir chevelu. Placez le pouce de votre main gauche sous la zone occipitale gauche (la base de la tête) et le pouce de votre main droite sous la zone occipitale droite, et détendez les muscles de cette zone en les massant doucement.

Placez ensuite votre main gauche sur votre épaule droite, près de votre cou. En exerçant une pression modérée, pincez le muscle de l'épaule qui commence à la base de votre cou. Massez ainsi tout le muscle en déplaçant les mouvements le long de l'épaule et du bras. Changez de bras et massez l'autre côté.

check-list 2

Quels progrès ?

Que vous ayez essayé plusieurs idées ou une seule ce mois-ci, il est bon de méditer sur ce que vous avez choisi d'expérimenter et pourquoi, et de voir si cela vous a réussi.

1. Combien d'activités avez-vous essayées ce mois-ci ?
- 1–3 activités ☐
- 4–10 activités ☐
- 11–20 activités ☐
- 21–31 activités ☐

2. Combien de ces activités avez-vous renouvelées plusieurs fois au cours du mois ?
- 1–3 activités ☐
- 4–10 activités ☐
- 11–20 activités ☐
- 21–31 activités ☐

3. Quelles activités ont eu un effet positif sur votre humeur ce mois-ci ?
Utilisez la page ci-contre pour consigner ce qui vous a réussi et ce qui ne vous a pas réussi.

Notes, remarques et pensées

62 L'aigue-marine pour la sérénité

Calme instantané

EN MÉDITANT

Portez ou tenez une aigue-marine lorsque vous méditez.

Les reflets magnifiques de l'aigue-marine vont du bleu au bleu-vert. Connue depuis longtemps pour aider à voir le bon côté des choses et pour attirer les réactions positives, son énergie est calmante et apaisante. Vous pouvez utiliser cette pierre pour diminuer le stress et apaiser votre esprit, ce qui affinera votre perception, aiguisera votre esprit et fera disparaître toute confusion.

Placez un morceau d'aigue-marine quelque part dans votre maison ou portez-en une dans votre poche. Chaque fois que vous la toucherez ou que vous la verrez, vous vous rappellerez son influence calmante.

Ne tirez pas de conclusions hâtives

63

Partez-vous souvent du principe que le pire va arriver, causant ainsi plus de stress que nécessaire?

Peut-être avez-vous tendance à vous concentrer sur un seul aspect d'une situation lorsque vous émettez un jugement. Par exemple, vous vous dites peut-être qu'un ami ne vous a pas appelé parce qu'il ou elle n'a pas apprécié ce que vous lui avez dit la dernière fois. En réalité, cette personne a probablement oublié de vous appeler parce qu'elle a été distraite par autre chose ou parce qu'elle était trop occupée. Tirer des conclusions hâtives est une activité vaine, une perte de temps qui crée des tensions sans raison valable.

Calme instantané

FAITES LE COMPTE

Aujourd'hui, comptez les fois où vous pourriez éviter de tirer des conclusions hâtives, et voyez comme vous vous sentez plus calme quand vous vous abstenez de le faire.

64 Supprimez la caféine

Chaque fois que vous buvez un thé, un café ou un chocolat chaud, vous donnez à votre corps une dose de caféine, ce qui n'est peut-être pas une bonne idée si vous essayez de réduire le stress dans votre vie. Si vous buvez plus de 2 ou 3 boissons caféinées par jour, cette mauvaise habitude vous affecte sans doute émotionnellement et physiquement. Une simple dose de 20 mg de caféine peut entraîner des changements d'humeur et des altérations physiques visibles et sensibles.

Pensez à la quantité de caféine que vous consommez quotidiennement : une tasse de thé contient en moyenne 50 mg de caféine, et une tasse de café instantané entre 70 et 100 mg. Une canette de coca de 35 cl contient environ 40 g de caféine, et 28 g de chocolat en contient de 10 à 15 g. Si vous vous sentez quelque peu hyperactif, réfléchissez avant de manger ou de boire des aliments contenant de la caféine.

Restez bien ancré

65

L'ancrage est un aspect important de la sensation de calme. Être ancré, c'est être relié à la terre, et être posé.

Chaque fois que vous vous sentez bancal ou «à côté de la plaque», essayez ce qui suit. Assis ou debout, les yeux fermés, observez votre respiration pendant quelques minutes.

Imaginez que vous êtes un arbre dont les racines partent de vos pieds et s'enfoncent très loin dans la terre. L'énergie de votre être s'enracine profondément dans la terre, et tout excès d'énergie se concentre dans vos racines. Lorsque vous vous sentez suffisamment ancré, revenez à la réalité du présent.

Calme instantané

ANCRAGE AVANT MÉDITATION

Si vous méditez assis sur une chaise, ancrez-vous en posant vos deux pieds bien à plat par terre.

66 Essayez le yoga Iyengar

Toutes les formes de yoga ont un effet calmant, mais le yoga Iyengar peut être extrêmement apaisant. Il est connu pour ses accessoires comme des ceintures ou des blocs de yoga, qui aident à effectuer les postures confortablement. Essayez la posture appelée Baddha Konasana. Assis, jambes tendues devant vous, fléchissez les deux jambes et amenez vos pieds vers l'aine. Faites se toucher vos plantes de pied et vos talons en tenant vos pieds près des orteils et en amenant vos talons vers votre périnée. L'extérieur des pieds est en contact avec le sol. Respirez normalement. Écartez les cuisses et abaissez les genoux vers le sol.
Amenez vos talons plus près de votre périnée et tenez fermement vos pieds. Étirez votre colonne vertébrale vers le haut. Tenez la posture pendant une minute, puis relâchez vos pieds, dépliez les jambes et détendez-vous.

Qu'est-ce qui compte le plus pour vous ?

67

Les principes qui comptent le plus à vos yeux forment votre ensemble de valeurs. Le conditionnement, l'éducation, l'influence parentale, la culture sont toutes des sources de « valeurs apprises », que vous avez faites inconsciemment vôtres.

Lorsqu'on n'agit pas selon les valeurs que l'on s'est choisies, cela signifie que l'on agit selon celles de quelqu'un d'autre, et c'est la pire recette qui soit pour atteindre le calme.

Lorsqu'on fait ses propres choix, on a la sensation de maîtriser les choses, plutôt que de se laisser contrôler par les figures d'autorité ou les influences passées de sa vie.

La pensée du jour

BUTS DE LA VIE

Pensez aux buts de votre vie, et demandez-vous si ce sont les vôtres ou ceux de quelqu'un d'autre.

68 Essayez le Southern Cross

Avez-vous une mentalité de Calimero? Pour vous détendre et adopter une attitude positive, prenez la variété de fleurs du bush australien appelée Southern Cross de Bach, qui vous aidera à comprendre que vous pouvez changer votre situation en changeant vos pensées. Par exemple, «je suis toujours stressé» devient «je change ma façon de penser et je me détends davantage».

69 Les sels de Schüssler

Au XIXe siècle, le docteur Schüssler identifia 12 minéraux qu'il croyait vitaux pour la santé humaine. Ces sels biochimiques, que l'on trouve dans la catégorie homéopathie, sont disponibles sous forme de comprimés que l'on laisse fondre sous la langue et qui aident notamment à trouver un calme naturel. On peut les prendre à tout moment de la journée.

Rotations de la nuque

70

Nous avons tendance à emmagasiner beaucoup de tension dans la nuque et les épaules; il faut donc libérer cette tension de temps à autre. Si vous sentez que votre nuque est tendue, essayez cet exercice de détente rapide.

Assis bien droit sur une chaise ou un fauteuil ferme, détendez-vous et respirez profondément. Laissez votre menton tomber en direction de votre poitrine. Continuez à respirer tout en faisant pivoter votre tête vers la droite afin d'amener votre oreille droite près de votre épaule. Revenez lentement à la position de départ, menton baissé en direction de la poitrine. Effectuez 5 rotations vers la droite, puis 5 vers la gauche. Vous devriez ensuite vous sentir beaucoup plus calme.

71 Verveine calmante

Calme instantané

VERRE D'EAU

Gardez un verre rempli d'eau à proximité quand vous travaillez, et veillez bien à le siroter tout au long de votre journée de travail. Essayez d'y ajouter également quelques gouttes de Verveine calmante!

Si vous avez tendance à être nerveux et tendu et à dépenser plus d'énergie que nécessaire en exécutant des tâches pratiques, le remède de fleurs de Bach appelé Verveine est peut-être pour vous.

Peut-être êtes-vous enclin à la fatigue nerveuse et à la tension car vous forcez trop et vous retrouvez avec des crampes, des douleurs et des insomnies. Quelques gouttes dans votre verre d'eau vous aideront à vous refréner de temps en temps afin de laisser votre corps et votre esprit reprendre leurs forces et retrouver leur calme.

Établissez des priorités

72

Le fait d'avoir une liste interminable de choses à faire peut provoquer des tensions physiques et mentales, à moins d'établir des priorités. Utilisez ce simple exercice pour identifier l'ordre dans lequel vos différentes tâches devraient être accomplies. Faites une liste contenant au moins 10 choses, et tenez-vous au programme suivant :

Mettez un A en face des travaux que vous considérez comme urgents. Mettez un B en face des travaux moins importants, et un C en face de ceux qui peuvent attendre. Revenez à votre liste et éliminez tous les B en les rattachant à la liste A s'ils sont importants ou à la liste C s'ils ne le sont pas. À présent, classez les éléments de votre liste A par ordre de priorité. Identifiez le plus urgent et numérotez-le A1, puis faites de même pour toute la liste. Enfin, mettez toute votre énergie à accomplir toutes les tâches de votre liste A.

Calme instantané

NOTEZ TOUT

Il vous sera plus facile de rester calme si vous prenez l'habitude de tout mettre par écrit. Vous pouvez faire des listes, ou écrire régulièrement dans votre journal. De cette façon, vous n'aurez pas à tout garder en tête, ce qui génère stress et de tension.

73 Enduisez-vous de jasmin

Calme instantané

BAIN AU JASMIN

Après avoir fait couler votre bain, versez-y plusieurs gouttes d'huile de jasmin. Vous pouvez aussi utiliser l'huile de jasmin dans votre brûle-parfum.

Le mot «jasmin» provient du mot persan «yâsimîn». Les Chinois, les Arabes et les Indiens utilisent depuis toujours cette plante en médecine, comme aphrodisiaque et pour des rituels de cérémonie.

Le jasmin est un remède précieux qui calme les nerfs et crée un sentiment de confiance, d'optimisme et d'euphorie associé à un effet revigorant et énergisant.

Avertissement : il est déconseillé d'utiliser le jasmin si vous êtes enceinte.

Torsion vertébrale

74

Si vous vous sentez particulièrement tendu aujourd'hui, essayez cet exercice rapide pour vous calmer. Allongé sur le dos, étendez vos deux bras sur le sol dans la continuité de votre ligne d'épaules, paumes contre le sol.

Détendez-vous, respirez profondément et amenez vos genoux à votre poitrine. À présent, faites pivoter votre tête vers la droite tout en faisant pivoter votre bassin vers la gauche, jusqu'à ce que vos jambes serrées soient en contact avec le sol. Reposez-vous dans cette position, respirez et tournez la tête vers la gauche tout en faisant pivoter votre bassin vers la droite jusqu'à ce que vos jambes jointes reposent sur le sol. Répétez cet exercice 4 fois, puis reposez-vous.

75 Respiration et relaxation

Calme instantané

PAIX

Lorsque vous méditez, répétez silencieusement le mot «paix» en inspirant et le mot «calme» en expirant.

Ceci est une technique de relaxation que vous pouvez pratiquer n'importe où, chaque fois que vous en ressentez le besoin. Redressez le dos, détendez les épaules et prenez une inspiration lente et profonde par le nez. Soyez conscient du souffle qui arrive en vous. Comment est-il, chaud ou froid? Retenez votre respiration, puis expirez lentement par la bouche en évacuant toute négativité et toute tension de vos pensées et de votre corps.

Inspirez à nouveau profondément, et imaginez-vous attirant ce souffle jusque dans chaque fibre de votre être, chaque cellule et chaque organe. Imaginez une lumière blanche emplissant chaque recoin de votre esprit.

Lâchez prise

76

Trouvez un endroit au calme, allongez-vous ou asseyez-vous, fermez les yeux et prenez une grande inspiration. Donnez-vous la permission de lâcher prise et de vous abandonner à la détente. Répétez silencieusement l'expression «lâcher-prise». Chaque fois que vous expirez, imaginez que vous évacuez toute la tension hors de votre corps. Dites-vous «abandon» plusieurs fois.

À mesure que votre corps se détendra et que vos émotions s'apaiseront, des pensées s'immisceront sans doute dans votre esprit. Ne résistez pas à ces pensées, car cela ne ferait que leur donner plus de force.

Calme instantané

MÉDITATION RAFRAÎCHISSANTE

Imaginez qu'avec chaque inspiration de l'air frais purifie votre esprit de toutes les pensées dont vous n'avez pas besoin, vous laissant ainsi bien plus calme qu'avant.

77 Passez une journée à traînasser

Ne rien faire est un art ; il s'agit de se libérer du besoin de toujours être occupé pour ne faire absolument rien.

Au lieu d'être sans cesse « sur la brèche », vous pouvez raconter des histoires drôles, fredonner une chanson, lire quelque chose de léger et de futile, vous asseoir dans le jardin, faire une sieste, regarder par la fenêtre, rêvasser ou méditer. Libérez-vous du stress et de votre montre. Ne rien faire vous aidera à « être » au lieu de toujours « faire ».

Flexion avant

78

Si vous ressentez de la tension dans votre corps, essayez ceci : debout bien droit, respirez profondément et levez les mains au-dessus de votre tête.

Continuez de respirer profondément tout en vous baissant lentement en avant, jusqu'à ce que vos mains se balancent juste au-dessus du sol. Ne vous relevez pas brutalement, et ne forcez pas non plus sur vos muscles. Vous pouvez fléchir légèrement les genoux si c'est plus confortable. Concentrez votre attention sur l'étirement du vos jambes et de bas du dos. Détendez-vous et respirez. Revenez lentement à la position debout.

Calme instantané

LEVEZ-VOUS DE VOTRE BUREAU

Si vous travaillez assis à un bureau, veillez à vous lever fréquemment et à vous dégourdir les jambes. Cela vous aidera à retrouver votre calme et à prendre du recul par rapport à votre travail.

79 Gâteau de riz au chocolat

Calme instantané

C'EST TROP!

Pour un dessert vraiment trop, saupoudrez des copeaux de chocolat sur votre gâteau de riz avant de le manger!

Cette recette est une des plus réconfortantes qui soient. Faites-vous plaisir avec ce délicieux dessert au chocolat qui stimulera votre sécrétion d'endorphines et vous procurera une merveilleuse sensation de calme.

Préchauffez le four à 150°C. Dissolvez 3 cuillères à soupe de chocolat en poudre dans 4 cuillères à soupe d'eau bouillante. Versez-y un litre de lait sans cesser de mélanger. Ajoutez 1 cuillère à soupe d'extrait de vanille et versez le tout dans un moule beurré. ajoutez 100 g de riz arborio (riz rond) et 100 g de cassonade. Mélangez et laissez cuire au four pendant 2 heures.

Utilisez un ionisateur

80

Les ions négatifs peuvent augmenter la capacité à absorber et utiliser l'oxygène, ce qui améliore la santé générale, l'endurance et le calme. On trouve les ions partout dans l'air que l'on respire, mais c'est l'équilibre entre ions négatifs et ions positifs qui est important.

Un ionisateur d'air, en plus de purifier l'air (ce qui peut être utile si vous souffrez d'allergies respiratoires), est aussi reconnu pour traiter les troubles affectifs saisonniers (TAS). Les ionisateurs peuvent aider à soulager la tension et à améliorer le sommeil. Achetez-en un aujourd'hui pour votre maison ou votre voiture, et retrouvez une sensation de calme.

81 Abandonnez les attentes

La pensée du jour

«ABANDON»

Pensez à ce mot et à ce qu'il signifie. Cherchez-le dans le dictionnaire et contemplez-le longuement. Si vous pensiez qu'il avait une connotation péjorative, repensez-le, car il contient peut-être davantage que ce que vous imaginiez.

Lorsqu'on a des attentes, on a des idées préconçues sur la manière dont les choses devraient être. On espère que les choses se passeront d'une certaine façon, et cela nous empêche de voir ce qu'elles sont réellement, de reconnaître le bien lorsqu'il croise notre chemin.

Sans idées préconçues pour restreindre notre perception, on peut alors accepter ce qui nous arrive comme faisant partie de la solution.

Lorsqu'on n'espère rien de particulier, on peut toujours vivre plus intensément que lorsqu'on a des attentes déterminées et figées. Essayez de lâcher prise aujourd'hui, et voyez comme les bonnes choses vous arrivent quand vous vous y attendez le moins.

Laissez-vous aller

82

Visualiser un « flottement » est une technique pour lâcher prise sur tout qui contribue grandement à la capacité à rester calme.

Essayez cette visualisation calmante : allongez-vous et desserrez votre prise sur vos muscles, votre corps, vos os, vos pensées et vos sentiments. Laissez-vous vous enfoncer dans le lit ou dans le sol, et ne faites rien du tout.

Chaque fois que vous prenez conscience d'une pensée ou d'une émotion, laissez-la partir de votre esprit et évacuez-la de votre organisme en expirant. Cela permet de devenir totalement mou, sans délimitations, doucement éveillé et doucement conscient. Vous flottez et quittez la tension pour rejoindre le calme.

83 Mettez-vous au vert

Calme instantané

CUEILLEZ UNE FEUILLE

La prochaine fois que vous serez dehors, cueillez une feuille verte, mettez-la dans un vase et placez-la en évidence afin de la voir tout au long de votre journée. Elle vous aidera à vous calmer et à vous ancrer dans les moments difficiles.

La couleur verte aide le cœur à apporter équilibre et détente, sur le plan physique comme sur le plan émotionnel. Le vert détend les muscles et favorise une respiration plus profonde et plus lente.

Cette couleur crée un sentiment de confort, de paresse, de détente et de calme, et aide à réguler et à apaiser les émotions. Certains attribuent cela au fait que le vert est la couleur principale de la nature, et aux liens que les êtres humains ont avec les éléments naturels. Portez donc quelque chose de vert aujourd'hui, ou bien allez vous promener dans la nature.

Images anti-stress

84

L'utilisation d'images est l'art d'employer l'esprit pour avoir un effet sur le corps. Vous sentez-vous stressé en ce moment même? Si oui, essayez l'exercice suivant.

Fermez les yeux et essayez d'imaginer à quoi ressemble votre stress. Ressemble-t-il à une corde entortillée, à de la cire durcie ou à des vagues qui s'écrasent sur vous? Pour passer à un état de détente, commencez à imaginer que la corde se détortille, que la cire fonde ou que les vagues qui se transforment en une mer calme.

85 Et si ?

Calme instantané

AUTODÉRISION

Dans les moments où vous doutez de tout, essayez de vous moquer de vous-même avec des suggestions absurdes telles que « Et si le ciel nous tombe sur la tête demain ? »

La plupart des inquiétudes commencent avec les mots « et si ». Ces pensées sont généralement accompagnées d'images négatives ; par exemple, « Et si je dis une bêtise ? » peut être accompagné d'images d'une foule de gens riant de vous. Peut-être avez-vous souffert de ce genre de comportement lorsque vous étiez enfant, par exemple dans la cour de l'école.

Il peut être utile de transformer votre « Et si… ? » en « Et alors ? » ou encore « Qu'est-ce que ça peut faire ? ». Par exemple, « Et si je dis une bêtise ? » devient « Qu'est-ce que ça peut faire si je dis une bêtise ? », suivi de « Eh bien, je me sentirai peut-être bête l'espace d'un instant, mais personne ne s'en souciera vraiment. » Essayez donc de transformer votre « Et si… ? » en « Et alors » aujourd'hui. Cela éliminera le stress du moment et vous aidera à vous sentir plus calme.

Faites une compresse

86

Quelques minutes de calme et de silence peuvent faire une immense différence et réduire le degré de stress. Une compresse calmante sur le front aide également à se détendre, mentalement et physiquement.

Mélangez 3 gouttes d'huile essentielle de lavande avec 3 gouttes d'huile essentielle de romarin, que vous verserez dans une jatte d'eau. Posez un gant de toilette propre sur la surface de l'eau, retirez-le et essorez-le.

Roulez le gant de toilette et placez-le sur votre front. Allongez-vous ou asseyez-vous tête en arrière dans un fauteuil confortable ou un canapé. Fermez les yeux et prenez plusieurs respirations profondes tout en détendant complètement votre corps. Concentrez-vous sur votre souffle, inspirez et expirez lentement. Expirez toute la tension et inspirez le calme.

87 Méditation florale

Achetez ou cueillez un bouquet de fleurs coupées. Une fois chez vous, asseyez-vous confortablement, les fleurs à hauteur de vos yeux, observez-les calmement et prenez conscience de leur forme, de leur taille et de leur couleur.

Après quelques minutes, fermez les yeux et visualisez ces fleurs dans votre esprit. Si cela devient difficile, ouvrez les yeux et regardez encore une fois. Puis refermez les yeux et recréez une image mentale de ces fleurs. Vous pouvez étendre cette méditation au toucher et à l'odorat. Prenez un moment pour méditer sur la diversité et la beauté des fleurs dans la nature.

Détendez votre mâchoire

88

La tension s'accumule très souvent dans la mâchoire, ce qui est souvent la cause d'une mâchoire raide et douloureuse et de dents serrées. Essayez cet exercice simple pour la détendre.

Ouvrez lentement la bouche aussi grand que possible, puis refermez-la. Répétez ce mouvement pendant environ 2 minutes. Appuyez légèrement votre poing sous votre menton et ouvrez la bouche en poussant votre mâchoire inférieure vers le bas, contre votre poing. Maintenez cette pression pendant environ une minute. Si vous grincez des dents quand vous dormez, faites cet exercice avant de vous coucher.

Calme instantané

YOGA FACIAL

Si le yoga est bon pour le corps, imaginez le bien qu'il ferait à votre visage! Exercez vos muscles faciaux aussi souvent que possible, et donnez à votre visage toutes les occasions possibles de s'exprimer et de bouger, ce qui lui permettra de garder toute sa souplesse.

89 Black-Eyed Susan

Êtes-vous de ceux qui sont souvent impatients et qui n'arrêtent jamais? Vivez-vous sans cesse à toute vitesse, et votre vie déborde-t-elle d'engagements et d'obligations?

L'essence de fleur du bush australien appelée Black-Eyed Susan vous permettra de ralentir, d'atteindre ce centre immobile qui est en vous et de trouver le calme. Versez quelques gouttes de cette essence dans une bouteille d'eau que vous siroterez tout au long de votre journée.

Augmentez votre apport en magnésium

90

Le magnésium est le quatrième sel minéral le plus abondant dans le corps, et il est essentiel au maintien de la santé. Si l'on n'en a pas assez dans le corps, ce manque peut être la cause d'un trop-plein d'adrénaline et provoquer un sentiment d'anxiété. Lorsqu'on est sous pilule contraceptive ou que l'on subit beaucoup de pression, on a donc besoin de plus de magnésium que d'habitude.

Les aliments en magnésium les plus riches sont les légumes verts à feuilles, les graines de sésame, le pain aux céréales complètes, et certaines eaux minérales. Le café empêche l'absorption de magnésium, alors assurez-vous de ne pas avaler de comprimés de magnésium avec une tasse de café!

91 Balle au pied

Calme instantané

RÉFLEXOLOGIE DES MAINS

Prenez une balle de golf ordinaire et roulez-la doucement dans vos paumes de mains. Ce simple exercice agira sur plusieurs zones réflexes en même temps.

Cet exercice calmant fera travailler vos pieds et appuiera sur des points de réflexologie. La réflexologie est une thérapie douce dans laquelle on utilise des techniques de pression sur les mains et sur les pieds, qui affectent ensuite d'autres parties du corps.

Essayez ce simple exercice calmant : placez une balle de tennis sous la plante de votre pied nu et, avec une pression confortable vers le bas, déplacez votre pied d'avant en arrière puis d'arrière en avant afin que la balle aille des orteils au talon et vice-versa. Faites cela avec le pied droit pendant 2 minutes, puis 2 minutes avec le pied gauche.

La kunzite pour l'ancrage

92

Le cristal appelé kunzite est excellent si vous avez besoin de vous ancrer et de vous calmer. Cette pierre favorise un sentiment de paix, la force intérieure et la détente. Si vous êtes du genre à passer de la dépression à l'euphorie et vice-versa, la kunzite peut vous aider à vous stabiliser, car elle contient du lithium, que l'on utilise en psychiatrie pour contrôler les affections bipolaires.

Gardez un morceau de kunzite près de vous au cours de la journée. Vous pouvez la porter comme bijou, mais il est bon également de la tenir dans sa main pendant la méditation. Vous pouvez aussi l'utiliser comme pendule pour pratiquer la radiesthésie.

Calme instantané

PROPRIÉTÉS DE LA KUNZITE

Pensez aux propriétés positives de la kunzite et à l'aide qu'elles peuvent vous apporter :

- *Spiritualité*
- *Communication*
- *Paix*
- *Lien avec l'amour universel.*

check-list 3

Quels progrès ?

Que vous ayez essayé plusieurs idées ou une seule ce mois-ci, il est bon de méditer sur ce que vous avez choisi d'expérimenter et pourquoi, et de voir si cela vous a réussi.

1. Combien d'activités avez-vous essayées ce mois-ci?

- *1–3 activités* ☐
- *4–10 activités* ☐
- *11–20 activités* ☐
- *21–31 activités* ☐

2. Combien de ces activités avez-vous renouvelées plusieurs fois au cours du mois?

- *1–3 activités* ☐
- *4–10 activités* ☐
- *11–20 activités* ☐
- *21–31 activités* ☐

3. Quelles activités ont eu un effet positif sur votre humeur ce mois-ci?

Utilisez la page ci-contre pour consigner ce qui vous a réussi et ce qui ne vous a pas réussi.

Notes, remarques et pensées

93 Criez !

Quand avez-vous poussé un bon cri pour la dernière fois ? Croyez-le ou non, crier peut être très bon car cela aide à évacuer la tension.

Pas la peine de crier après quelqu'un, mais plutôt en général, juste pour évacuer de l'énergie qui n'a nulle part où aller. Vous n'avez jamais essayé ? Eh bien, c'est l'occasion ou jamais. Allez vous promener en voiture dans la campagne, fermez les vitres et criez à tue-tête. Si vous n'êtes pas dans une voiture, choisissez un endroit isolé sans personne pour vous entendre.

Allez voir une exposition

94

Flâner dans un musée ou une galerie d'art peut être très apaisant. La lenteur du rythme et l'intérêt des objets d'art vous distrairont et vous absorberont.

Prenez le temps de lire les textes sur les artistes et les œuvres d'art, et pourquoi ne pas faire une visite guidée afin de mieux vous informer sur ce que vous voyez ?

Asseyez-vous un moment pour contempler une des œuvres. Regardez-la en détail et laisser divaguer votre esprit. Admirez les couleurs, la composition, le détail, la technique, les réflexions sous-jacentes. Absorbez autant que possible et apprenez quelque chose de nouveau et d'inattendu. Vous serez surpris de voir à quelle point cette activité est calmante.

N'oubliez pas de prendre un verre après votre visite afin de méditer sur ce que vous avez vu et de vous rafraîchir.

Calme instantané

JAMAIS SANS VOTRE BLOC-NOTES

Lorsque vous vous rendez à une exposition, prenez le temps d'esquisser des détails dans un bloc-notes ou de prendre des notes sur ce que vous observez, afin de pouvoir vous les rappeler ultérieurement.

95 Dissolvez-vous dans la terre

Calme instantané

VISUALISATION

Pensez à une glace ou un sorbet fondant petit à petit sur votre langue.

Essayez cet exercice pour vous calmer et vous ancrer : allongé par terre, laissez-vous « vous dissoudre » dans le sol et savourez la sensation de faire partie de la terre. Ne faites aucun effort dans ce sens, mais contentez-vous de laisser la sensation venir à vous. Le fait de vous « dissoudre » ainsi vous apportera une sensation de calme et de sérénité et rechargera votre énergie.

Une fois que vous vous êtes totalement « dissous » et que vous vous êtes « enfoncé » dans la terre, savourez le sentiment d'être aimé, calmé et plus fort.

Serviette de barbier

96

Une serviette chaude sur le visage est un excellent moyen de se détendre ; pas étonnant que cette méthode soit devenue une tradition chez les barbiers.

Si vous voulez essayer chez vous pour vous calmer après une journée mouvementée (et ce n'est pas seulement valable pour les hommes !), tout ce que vous avez à faire est de faire tremper une petite serviette propre dans de l'eau tiède ou chaude, et de l'essorer. Allongez-vous dans un endroit calme, fermez les yeux et posez la serviette chaude sur votre visage. Pour encore plus de détente, vous pouvez ajouter quelques gouttes d'huile essentielle de lavande à votre eau avant d'y tremper la serviette.

Calme instantané

CONCOMBRE CALMANT

Pour un antistress facile et rapide, coupez deux fines tranches de concombre que vous poserez sur vos yeux fermés. Savourez leur fraîcheur et leur effet reposant. Restez allongé sans bouger et pensez au mot « calme » pendant au moins 10 minutes.

97 Les mains sur les yeux

Mettre ses mains sur ses yeux aide à les reposer et à calmer son esprit. Recouvrez vos yeux fermés de vos paumes de mains en veillant à ne pas exercer de pression sur vos globes oculaires. Vos mains doivent être légèrement arrondies, et vos doigts entrelacés, mais pas serrés, sur votre front.

Vous ne devez distinguer aucune lumière ou presque. Une fois que vous avez bien disposé vos mains, ouvrez les yeux pour voir si vous pouvez réajuster vos doigts afin de bloquer autant de lumière que possible. Fermez ensuite les yeux et appliquez-vous à approfondir votre respiration pour une détente maximale.

Régime calmant

98

Avez-vous déjà entendu dire que l'on est ce que l'on mange ? Cela peut vous sembler être un cliché, mais c'est vrai. Une alimentation plus adaptée ne fait pas qu'améliorer la santé, elle calme aussi l'esprit.

Essayez d'éviter ou de limiter les aliments stimulants qui augmentent l'activité cérébrale, comme les épices très fortes, les aliments transformés, le vinaigre, les oignons, les radis, l'ail, les conservateurs, le cola, le café et le thé. Les aliments calmants, faciles à digérer et qui fournissent une grande quantité d'énergie sont les herbes aromatiques, les fruits, les légumes, le lait et les produits laitiers, les noix et les graines, et les haricots.

99 Musique de détente

Calme instantané

TRAJET CALMANT

Mettez de la musique classique et calmante sur votre iPod, que vous pourrez écouter dans les situations potentiellement stressantes comme un trajet dans un train ou un bus bondé, ou une attente chez le dentiste.

Lorsque vous choisissez de la musique pour vous aider à vous sentir calme, utilisez les conseils qui suivent. Choisissez des mélodies fluides plutôt que des accords fragmentés et décousus. Sélectionnez de la musique aux sons graves et au rythme lent. Plus la fréquence sera élevée et donc la musique aiguë, plus elle sera susceptible de vous agacer.

Essayez d'utiliser des sons de la nature comme des vagues d'océan. Faites des expériences avec de la musique New Age ou psychédélique. La musique classique au rythme Adagio ou Largo est très efficace. Vous pourrez profiter de votre musique et de son effet calmant et apaisant partout et à toute heure.

Mangez zen

100

La pleine conscience est un état extrêmement calmant. Il s'agit de vivre pleinement le moment présent, sans penser au passé ni à l'avenir. On est simplement dans le « maintenant ».
Essayez cet exercice lorsque vous mangez quelque chose d'ordinaire, comme une pomme. Asseyez-vous avec cette pomme dans votre main et regardez-la soigneusement en observant sa couleur et sa texture. Sentez-la, humez son odeur. Laissez-vous le temps de la remarquer et de l'absorber, puis portez-la à votre bouche en étant conscient de votre salivation. Faites participer tous vos sens en mordant dans cette pomme, puis gardez le premier morceau dans votre bouche pendant un instant avant de le mâcher et de l'avaler. Remarquez ce qui se passe dans votre bouche et dans votre gorge. Regardez la pomme croquée restée dans votre main et observez toutes ses nuances de forme, de couleur et de texture.

Calme instantané

PENSEZ « POMME »

Après avoir essayé la visualisation de la pomme (voir ci-contre), gardez cette image en vous. Chaque fois que vous ressentez le besoin de vous calmer, pensez « pomme » et cette visualisation vous reviendra.

101 Flux d'écriture

Calme instantané

VOTRE JOURNAL

Emportez votre journal ou votre bloc-notes partout avec vous. Choisissez-en un qui soit facile à mettre dans votre sac et que vous appréciez en tant qu'objet. Utilisez les temps morts de votre journée pour y noter vos pensées, chaque fois que vous ressentez le besoin de vous exprimer.

Écrire un journal intime est un excellent moyen d'évacuer les soucis et de nourrir son esprit. C'est une activité qui permet de puiser dans l'inconscient tout en supprimant l'énergie nerveuse et passive qui mène à l'inquiétude.

Si vous vous sentez bloqué, sans rien à écrire, essayez d'enregistrer des bribes de conversations que vous surprenez : des faits, des sentiments, des rêves, des descriptions, des impressions, des citations, des images et des idées. Faites des dessins illustrant vos textes. Extérioriser ainsi vos pensées et vos sentiments vous mènera à un aspect plus calme de vous-même.

En communion avec la nature

102

Il n'est rien de plus calmant et de plus stabilisant que d'être en communion avec la nature. Essayez d'étreindre un arbre, de marcher pieds nus dans l'herbe ou d'enfouir vos mains dans le sable ou dans la terre, ou encore de les plonger dans de l'eau courante. Si ce n'est pas possible, écoutez un CD de sons de la nature ou feuilletez un beau livre de photographies prises dans la nature.

Aidez les autres

103

Quelle est la dernière personne que vous avez aidée ? Qu'avez-vous fait ? Comment vous êtes-vous senti après cette bonne action ? Souvent, aider les autres permet de s'aider soi-même. Le geste de bonté nous permet d'échapper à notre propre sphère de besoin pour pénétrer dans celle d'autrui. Aujourd'hui, aidez un voisin, un ami ou un étranger.

104 Épaules détendues

On a souvent tendance à accumuler la tension dans le haut du corps, en particulier dans les épaules et la nuque, ce qui peut provoquer une raideur qui affaiblit le corps, et parfois même l'immobilité.

Afin d'évacuer la tension dans vos épaules, essayez cet exercice très simple : contractez les muscles de vos épaules en les tirant vers le haut et vers l'avant. Gardez-les aussi contractés que possible pendant 10 secondes, puis relâchez. À présent, faites la même chose en tirant vos épaules vers l'arrière pendant 10 secondes, puis relâchez. Respirez profondément et expirez complètement.

Protégez-vous

105

Si vous vous sentez vulnérable et mal à l'aise, visualisez un œuf énorme en or et en argent vous entourant et vous protégeant de tous côtés, en haut et en bas. À présent, imaginez-vous peignant l'intérieur de cet œuf d'une couche protectrice de bleu. Vous êtes à présent totalement en sécurité et enveloppé de cet œuf.

Cet espace magnifique et doré vous protège de toute chose négative en-dehors de vous, mais laisse vos propres rayons de lumière et d'amour en sortir. Accrochez-vous à cette image jusqu'à sentir le calme et la sérénité envahir tous les muscles, tous les organes et toutes les cellules de votre corps.

Calme instantané

ŒUF CALMANT

Placez un œuf en céramique, en pierre ou en bois sur votre bureau. Lorsque vous aurez besoin de vous rappeler votre visualisation de l'œuf (voir ci-contre) pour vous calmer et vous rassurer, regardez-le pendant 10 minutes.

106 Donnez un peu d'amour

Calme instantané

Pensez à quelqu'un

Si une personne que vous aimez vous vient à l'esprit, envoyez-lui une carte postale ou une jolie carte de vœux simplement pour lui dire que vous pensez à elle.

Il arrive parfois que l'on soit tellement absorbé par sa propre vie et ses problèmes qu'on en oublie les autres. En donnant à autrui par de simples gestes, on sort de soi-même et on regarde le monde extérieur.

Ainsi, si vous passez une mauvaise journée aujourd'hui, rappelez-vous cela et téléphonez à quelqu'un ; proposez de vous rencontrer et inquiétez-vous de sa vie, de ses buts et de ses aspirations. Sortez de vous-même en vous intéressant à la vie de quelqu'un d'autre ; donnez un peu d'amour et soyez là, sincèrement, pour cette personne. Voyez comme cela vous rend heureux !

Détendez-vous avec la passiflore

107

Vous vous sentez stressé ? La plante que l'on appelle passiflore, utilisée depuis la nuit des temps dans des tisanes ou des infusions pour traiter l'insomnie, est un excellent remède à l'anxiété et au stress, ainsi qu'aux maux de tête et au syndrome prémenstruel.

Pour faire une tisane de passiflore, infusez-en une cuillerée dans de l'eau bouillante pendant 10 à 15 minutes, et buvez-en 2 à 3 fois par jour. Vous pouvez aussi prendre quelques gouttes de solution de passiflore 3 à 4 fois par jour, ou associer la passiflore à la valériane et à la mélisse pour leurs vertus sédatives.

108 Affirmation rassurante

Calme instantané

AFFIRMATION

Répétez les affirmations de votre choix plusieurs fois au cours de votre journée.

L'affirmation est une technique d'autosuggestion qui consiste à se répéter des mots ou des phrases afin d'influencer son inconscient, ce qui affecte ensuite le comportement. Il est important de formuler ces affirmations au présent et d'y inclure des mots simples, actifs et positifs comme « je me sens calme ».

Identifiez l'état que vous voulez atteindre, puis utilisez ce mot (par exemple, utilisez « calme », si vous y aspirez, et non pas ce que vous ne voulez pas ressentir, comme « panique »). Employez le pronom « je » autant que possible. Par exemple, « Je me sens détendu et je veux que cette affirmation soit mienne. »

Gérez votre temps

109

Être capable de gérer son temps est une aptitude vitale qui permet de prendre le contrôle de sa vie et de se sentir calme. Voici quelques conseils utiles pour vous aider à y parvenir :

- Dites « non ». Si cette journée est très remplie et que vous avez de nombreuses tâches sur lesquelles vous concentrer, refusez d'accepter davantage de travail, de responsabilités ou de distractions inutiles.
- Établissez des priorités. Concentrez-vous sur votre liste d'urgences avant de faire d'autres choses moins importantes.
- Déléguez. Ne vous fatiguez pas avec les détails. Vous ne pouvez pas vous impliquer dans absolument tout ce qui réclame votre attention. Lâchez prise sur les choses qui peuvent être déléguées à autrui. Vous pouvez aussi montrer aux autres comment faire une partie de votre travail, afin de pouvoir vous concentrer sur ce que seul vous-même pouvez faire.

110 Perfectionnez votre méthode Pilates

Calme instantané

UN DVD DE PILATES

Essayez un DVD d'instructions pour une séance de Pilates chez vous. Vous pourrez ainsi vous y exercer à votre propre rythme et aux horaires que vous voulez ; pas besoin de réserver de créneau horaire fixe.

La philosophie de la méthode Pilates, exercice très populaire et système d'intégration du corps et de l'esprit, est de renforcer les principaux muscles posturaux et de développer un alignement équilibré grâce à une respiration et des mouvements lents et contrôlés. Elle exerce un effet extraordinairement calmant.

Essayez l'exercice de la colonne vertébrale neutre. Allongez-vous sur le dos, les bras le long du corps, les genoux fléchis et les jambes et les pieds parallèles, écartés de la largeur du bassin. Inspirez. Expirez et utilisez vos muscles abdominaux pour appuyer le bas de votre colonne vertébrale sur le sol. Inspirez pour relâcher la pression. Expirez et tirez le bas de votre colonne vers le haut en créant une petite arche dans le bas du dos. Inspirez pour relâcher la tension. La position neutre est entre les deux.

Île de paix

111

Aujourd'hui, prenez quelques instants pour essayer cette visualisation magnifiquement calmante. Assis ou allongé les yeux fermés, respirez profondément et imaginez que tous vos soucis dérivent lentement vers le large. Visualisez votre propre île de paix, où vous pourrez vous rendre à tout moment lorsque vous aurez besoin de vous ressourcer. Des vagues rythmées éclaboussent doucement vos pieds, et l'eau reflète le ciel bleu et les rayons dorés du soleil.

Sentez la chaleur du soleil sur votre corps et le sable doux et sec sous vos pieds. Trempez vos pieds dans l'écume et sentez le sable frais et mouillé se faufiler entre vos orteils. Laissez la brise vous sécher. Imaginez que vous marchez d'une allure désinvolte. Vous êtes très détendu, vous respirez profondément, le regard fixé sur l'horizon lointain. Vous vous sentez totalement calme et en paix.

112 Regardez un feuilleton

On se moque souvent des feuilletons télévisés, mais regarder son feuilleton préféré avec une boisson chaude et les pieds sur le canapé peut être une expérience agréablement abrutissante, qui aide à oublier les soucis et les préoccupations pour un moment. Cela procure un espace où s'échapper de la réalité et « décrocher », ce qui essentiel pour cultiver son calme.

On peut s'immerger dans une sorte d'univers parallèle, où les personnages semblent réels et où on a l'impression d'avoir accès à la vie de quelqu'un d'autre, mais sans en avoir les inconvénients. Les personnages deviennent familiers ; on peut les critiquer, compatir, rire et pleurer avec eux, et tout cela sans engagement.

L'extase de l'orgasme

113

Une relation sexuelle est plus qu'une libération d'hormones accompagnée d'un plaisir éphémère. Si vous vous sentez stressé, un orgasme peut apaiser votre tension et vous remettre sur la voie de la sérénité.

La circulation du sang est accrue par la stimulation sexuelle, qui parvient à cette apogée relaxante qu'est l'orgasme. La tension du corps se dissipe alors, et l'énergie nerveuse refoulée dans l'organisme se disperse. Le résultat ? On se sent calme et même heureux et béat. C'est une détente de tout le corps et de tous les muscles en même temps.

114 Sachet de bain relaxant

Calme instantané

CALME APRÈS LE BAIN

Après votre bain, enveloppez-vous dans des vêtements confortables et regardez quelque chose de drôle à la télévision avec votre repas ou votre dessert préféré.

Lorsque vous prenez un long bain pour vous détendre, augmentez ses effets calmants en utilisant un sachet de bain parfumé. Placez 30 g de lavande, de menthe poivrée, de fleurs de camomille et de mélisse officinale dans un sachet de mousseline, fermez-le d'un nœud serré et suspendez-le à votre robinet d'eau chaude.

Laissez couler l'eau sur le sachet en remplissant votre baignoire, puis entrez dans ce bain apaisant et allongez-vous, les yeux fermés. Détendez-vous complètement pendant 10 minutes avant de commencer à vous savonner ou à vous exfolier.

Pas de cuisine ce soir

115

Vous avez eu une grosse journée et vous n'avez pas envie de cuisiner en rentrant chez vous ? Si vous ressentez le besoin de vous détendre à la fin d'une longue journée, commandez donc un repas tout prêt, pour une fois.
Vous pouvez faire livrer chez vous toutes sortes de plats de toutes origines, en particulier si vous vivez en ville. Sinon, renseignez-vous, et il est très possible que, même à la campagne, vous ayez plus de choix que vous ne le pensiez. Vous pouvez choisir une pizza, des hamburgers, des sandwiches ou, plus exotique, un curry, un menu chinois ou thaïlandais, qui vous seront tous livrés chauds et prêts à consommer sans que vous ayez à lever le petit doigt, sauf peut-être pour téléphoner et passer la commande.
À présent, vous pouvez vous installer confortablement avec un verre de vin et attendre que le livreur sonne à votre porte.

116

Soupe toscane aux haricots blancs

Rien ne vaut un bol de soupe bien chaud par une froide journée d'hiver pour se réchauffer et se calmer. C'est une recette réconfortante grâce à sa richesse en glucides, qui favorise la sécrétion de sérotonine, hormone qui diminue l'anxiété.

Faites chauffer de l'huile d'olive dans une grosse casserole, et faites-y revenir un oignon haché pendant 10 minutes. Ajoutez deux gousses d'ail pressées et faites cuire le tout pendant 1 minute avant d'y ajouter du romarin et 2 cuillères à soupe de concentré de tomates. Remuez pendant encore 1 minute, puis ajoutez 200 g de haricots blancs secs (que vous aurez au préalable fait tremper une nuit dans 1,5 l d'eau) avec leur eau de trempage. Laissez mijoter pendant une heure avant d'assaisonner et de passer la moitié de la soupe au mixeur. Reversez ensuite le tout dans la casserole, ajoutez-y 100 g de macaroni et laissez mijoter 10 à 12 minutes.

Sommeil réparateur

117

Un sommeil réparateur permet d'être prêt dès le lever à affronter la journée avec calme et sérénité.

Voici quelques conseils pour vous aider à passer une bonne nuit :

- Évitez les excitants comme la caféine.
- Utilisez votre lit exclusivement pour dormir, et non pour y regarder la télévision ou un film sur l'ordinateur.
- N'ayez pas de lumières fortes allumées juste avant d'aller vous coucher.
- Ne faites pas de sport dans la soirée.
- N'allez pas au lit avec la faim au ventre.
- Si vous vous réveillez pendant la nuit, évitez de regarder l'heure.
- Ayez une température confortable dans votre chambre.
- Si vous avez des problèmes de bruit, utilisez un générateur de bruit blanc.

Calme instantané

MINI-SIESTE

Faites une mini-sieste après le repas de midi, avant de vous remettre au travail. Fermez simplement les yeux pendant 10 minutes. Ne vous focalisez pas sur la nécessité de vous endormir, contentez-vous de vous détendre.

118 Devenez philosophe

Prenez le temps aujourd'hui de méditer sur le but de votre vie ; demandez-vous où vous allez et s'il existe un chemin tracé par Dieu pour vous. Ne vous laissez pas verser dans le cynisme, mais ouvrez-vous à la possibilité que des réponses se trouvent peut-être quelque part. L'objectif est de développer une philosophie personnelle qui vous soutienne et vous nourrisse.

119 Allez au cinéma

Aller au cinéma est l'occasion d'échapper à la vie quotidienne. On est transporté ailleurs, et on ressent toute une gamme d'émotions, ce qui a un effet cathartique. Rappelez-vous un film qui vous a ému ou inspiré, et à quel point vous vous êtes senti plus calme après coup. Si vous n'avez pas envie de sortir, faites-vous plaisir et regardez un DVD en mangeant du popcorn.

La posture de l'enfant

120

La posture de yoga appelée posture de l'enfant est apaisante et relaxante, car elle étire doucement les muscles du dos, relâche la pression sur la colonne vertébrale et fait affluer le sang vers le cerveau.

Asseyez-vous sur vos talons, les genoux et les pieds joints et la partie avant des chevilles à plat par terre. Laissez vos mains tomber le long du corps. Inspirez, puis, en expirant, penchez-vous en avant en fléchissant au niveau des hanches et placez votre poitrine sur vos cuisses, votre front sur le sol et vos mains, paumes vers le haut, près de vos pieds. N'arrondissez pas le dos, mais allongez votre colonne vertébrale en amenant votre poitrine vers vos rotules. Tenez la pose et détendez-vous complètement.

121 Ancrez la sécurité en vous

Un point d'ancrage est un signal du système nerveux qui suscite par le biais de la mémoire une sensation de calme. C'est un outil très utile dont on peut se servir à tout moment.

Asseyez-vous dans un endroit calme, les yeux fermés. Concentrez-vous sur votre respiration et sur votre corps. Prenez conscience de la région de votre cœur. Lorsque vous sentez votre attention s'égarer, ramenez-la au centre d'amour et de chaleur dans votre poitrine.

Imaginez-vous dans le passé, à un moment où vous vous sentiez calme et en sécurité. Rappelez-vous ce moment en détails en développant chaque aspect de cet état. À l'apogée de votre image de calme, créez un signal sensoriel unique (par exemple, placez votre pouce sur la deuxième phalange de votre index), et formez une image mentale de vous dans un état de calme. Ce signal devient alors votre point d'ancrage personnel, et vous pourrez le déclencher lorsque vous vous sentirez agité.

Créez votre parfum de sérénité

122

Choisissez une huile de base comme l'huile d'amande douce ou l'huile de jojoba dans laquelle vous mélangez vos huiles essentielles.

Remplissez une petite bouteille d'huile de base et utilisez 2 gouttes de sauge sclarée, 4 gouttes d'essence de bois de cèdre, 2 gouttes d'essence de mandarine et 1 goutte d'essence de pamplemousse.

Appliquez une petite touche de ce mélange sur l'intérieur de votre poignet et derrière votre oreille pour un calme instantané.

check-list 4

Quels progrès ?

Que vous ayez essayé plusieurs idées ou une seule ce mois-ci, il est bon de méditer sur ce que vous avez choisi d'expérimenter et pourquoi, et de voir si cela vous a réussi.

1. Combien d'activités avez-vous essayées ce mois-ci ?

- 1–3 activités ☐
- 4–10 activités ☐
- 11–20 activités ☐
- 21–31 activités ☐

2. Combien de ces activités avez-vous renouvelées plusieurs fois au cours du mois ?

- 1–3 activités ☐
- 4–10 activités ☐
- 11–20 activités ☐
- 21–31 activités ☐

3. Quelles activités ont eu un effet positif sur votre humeur ce mois-ci ?

Utilisez la page ci-contre pour consigner ce qui vous a réussi et ce qui ne vous a pas réussi.

Notes, remarques et pensées

123 Prenez soin de vous

Calme instantané

« SOIN »

Méditez sur ce mot et voyez où ses associations vous mènent.

Demandez-vous comment prendre soin de vous-même. Prenez un papier et divisez-le en trois catégories :

1. Prendre soin des gens.
2. Prendre soin des endroits et des choses.
3. Prendre soin des activités.

Dans chaque colonne, répertoriez ce qui entre dans la catégorie correspondante. Vous pouvez ensuite essayer de prendre une chose de chaque colonne par jour et vous impliquer dans sa réalisation aussi activement que vous le pouvez. Cette activité vous aidera à accroître votre sensation de calme et de confort associée à ces gens, ces endroits, ces choses et ces activités.

Le yoga Sivananda

124

Le système d'exercice appelé yoga Sivananda vise à entretenir la vitalité du corps. Essayez la posture de la pince assise. Asseyez-vous par terre, jambes tendues devant vous. Fléchissez les orteils en direction de votre corps. Grandissez et allongez votre colonne vertébrale, toujours en position assise. Étirez vos bras vers le plafond et inspirez. Penchez-vous en avant à partir des hanches en tendant vos bras vers vos pieds. Saisissez vos orteils (fléchissez légèrement les genoux si nécessaire). En gardant le dos aussi droit que possible, continuez de vous étirer sur vos jambes tout en détendant votre nuque et votre tête. Restez en extension pendant 30 secondes à 1 minute tout en vous focalisant sur une respiration modérée. Concentrez-vous sur l'extension et assurez-vous de ne pas tirer vers le bas, afin d'éviter de mettre trop de pression sur le bas de votre dos.

Calme instantané

RESPIRATION YOGIQUE

Lorsque vous exécutez des postures de yoga, concentrez-vous sur votre respiration ; cela vous aidera à mener votre posture à bien.

125 Calmer ses peurs

Tout le monde ressent de la peur occasionnellement; c'est une émotion normale qui aide à affronter le danger. Cependant, on peut aussi ressentir une peur excessive, qui devient constante et stressante. Plus on gère sa peur, plus tôt on retrouve son calme, et on peut alors atteindre ses objectifs. Voici quelques conseils utiles :

- Prenez conscience de votre peur afin de savoir quand procéder à des changements.
- Acceptez votre peur et cessez de vous sentir coupable.
- N'essayez pas de rationaliser vos peurs.
- Posez des limites à votre peur et ne lui donnez pas libre cours.
- Cherchez des réponses auprès de votre intuition.
- Restez à l'écart des gens ou des situations qui vous inspirent la peur.
- Demandez de l'aide.

Coussin relaxant pour les yeux

126

Essayez ce coussin pour les yeux pour une pause détente. Prenez un morceau de soie de 12 x 50 cm ou de 25 x 25 cm, et 2 tasses de graines de lin pour 1 tasse de bourgeons de lavande. Pliez le morceau de soie sur l'envers, puis cousez-le en laissant une petite ouverture. Retournez-le sur l'endroit. Remplissez le sachet avec les graines de lin et les bourgeons de lavande mélangés. Fermez-le ensuite par une couture. Allongez-vous avec ce petit coussin sur les yeux et détendez-vous!

Calme instantané

Lavande calmante

Appliquez un peu d'huile essentielle de lavande à l'endroit de votre pouls sur chaque poignet. Mmm !

127 Respiration abdominale

Calme instantané

MAIN SUR LE VENTRE

En période de stress, placez une main sur votre ventre afin de vous remettre en contact avec votre respiration.

Si vous vous sentez tendu, cet exercice vous aidera à vous calmer. Trouvez un endroit calme où vous allonger ou vous asseoir, et fermez les yeux. Placez vos mains sur votre ventre, inspirez par le nez, poussez votre ventre vers le haut et sentez-le monter. Comptez un battement de cœur avant d'expirer lentement par la bouche, et sentez votre ventre descendre. Répétez ce cycle 5 fois.

À présent, placez vos mains sous votre poitrine, sur les côtes de chaque côté du thorax. Inspirez par le nez, dilatez votre cage thoracique et sentez que vos mains s'écartent. Comptez un battement de cœur avant d'expirer lentement par la bouche. Répétez ce cycle 5 fois.

Maintenant, exécutez un cycle de respiration complet; inspirez l'air dans votre ventre et votre cage thoracique en comptant jusqu'à 5, puis expirez complètement en comptant jusqu'à 6. Répétez ce cycle 5 fois.

Ginseng de Sibérie

128

Également connu sous le nom d'éleuthérocoque, le ginseng de Sibérie est utilisé depuis des siècles dans les pays de l'Est, et notamment en Chine et en Russie. On peut le prendre sous forme liquide, solide, en poudre, en gélules et en comprimés, et aussi sous forme de racine coupée ou séchée pour le thé.
Pour des affections de longue durée comme la fatigue chronique ou le stress, on peut en faire une cure de 3 mois, suivie d'une coupure de 2 à 3 semaines.
Assurez-vous de consulter un herboriste ou un pharmacien avant de commencer à en prendre.

Le ginseng apaise l'esprit, stabilise l'âme, revigore le corps et prolonge la vie.

Texte médical chinois, Shen Nung, 20 Av. J.-C.

129 Survolez tout

Si la vie vous accable, asseyez-vous un instant et fermez les yeux. Imaginez que vous êtes un oiseau qui vole dans le ciel et regarde d'en haut les petites maisons, les gens comme des fourmis et le monde en miniature. L'espace et la liberté vous entourent. Descendez en piqué et glissez sur les courants d'air froid tout là-haut, loin de tout. Prenez de grandes inspirations et sentez le calme vous envahir progressivement. Lorsque vous êtes prêt, ouvrez les yeux et appréciez le reste de votre journée.

Respiration calmante

130

Lorsque vous êtes sous pression, vous avez peut-être l'impression que les choses arrivent trop vite. La technique de respiration calmante peut vous aider à vous stabiliser et à vous sentir maître de vous-même. On commence avec la respiration abdominale (voir page 138) et on utilise des mots-signaux pour favoriser la concentration et clarifier l'esprit.

On peut utiliser comme signaux les mots « calme » et « sécurité », par exemple. En inspirant, dites « CALME » dans votre tête. En expirant, dites « SÉCURITÉ ». Inspirez à nouveau et dites « PRÉSENT » dans votre tête. Expirez et dites « MAINTENANT » en pensée. Pratiquez ces techniques de respiration pendant 5 à 10 minutes jusqu'à bien les maîtriser, puis continuez à les pratiquer plusieurs fois par jour pendant quelques instants.

Calme instantané

MINI-TRANQUILLISANT

Pratiquez la respiration calmante (voir ci-contre) afin de la maîtriser et de pouvoir l'utiliser à tout moment comme tranquillisant instantané chaque fois que vous commencez à être tendu.

131 Faites du pain

Calme instantané

PÉTRISSEZ

Pour vous débarrasser de votre agressivité, pétrissez de la pâte. Si vous ne voulez pas cuisiner, utilisez de la pâte à modeler.

Faire du pain est une activité incroyablement relaxante. Essayez cette recette de pain au romarin et à l'ail. Préchauffez votre four à 50°C. Prenez 500 g de farine sans levure et 2 cuillères à café de levure en poudre et mélangez-les. Ajoutez 50 cl d'eau tiède sans cesser de remuer. Pétrissez ensuite jusqu'à ce que la pâte soit relativement lisse, placez-la dans un moule huilé et aplatissez la pâte afin de remplir le moule, ce qui vous donnera du pain délicieusement dégonflé. Mélangez un peu d'huile d'olive avec du romarin, une touche d'ail et de sel de mer, que vous étalerez sur le pain.

Enfournez votre pain et réglez le four sur 190°C. Le pain continuera à lever à mesure que la chaleur augmentera. Cuisez-le environ 25 minutes. Au sortir du four, recouvrez-le de graines de sésame.

Jade bleu rassérénant

132

Pour une source d'énergie paisible et passive, essayez le jade. Le tenir dans votre main lors de la méditation vous aidera à vous détendre et à trouver la sérénité intérieure. Si vous vous sentez enfermé ou dépassé par une situation que vous ne pouvez maîtriser, conservez un morceau de ce cristal près de votre lit.

Vague de détente

133

Baignez-vous dans une vague de détente. Faites-la submerger votre corps en pensée. Imaginez que vous êtes sous une cascade qui vous lave de toute tension. Vous vous sentirez ensuite libre et purifié.

134 Écoutez un CD de développement personnel

Lorsque vous passez quelques instants de détente, allongé sur votre lit ou votre canapé, il peut être utile d'écouter un CD de développement personnel. Une voix apaisante ou de la musique douce vous aideront à atteindre un état de détente totale.

Il existe de nombreux types de CD de développement personnel, mais ceux qui favorisent la visualisation ou la méditation sont sans doute ceux qui sont à privilégier. Ils allient une atmosphère propice à la détente profonde à des suggestions constructives de développement personnel, et vous aideront à recharger vos batteries et vous ouvrir à tous les moyens positifs que vous pouvez employer pour améliorer votre vie.

Rhodiole relaxante

135

La rhodiole est utilisée comme tonifiant pour renforcer la résistance au stress de toutes sortes. De nos jours, la rhodiole est classée comme plante adaptogène. Les plantes adaptogènes sont un groupe de plantes médicinales qui, grâce à des mécanismes variés, améliorent la capacité du corps à résister au stress en l'aidant principalement à s'adapter psychologiquement.

Assurez-vous de consulter un herboriste ou un pharmacien avant de prendre une plante adaptogène.

136 Apprenez à jouer d'un instrument

Calme instantané

PAUSE MUSICALE

Chaque fois que vous ressentez un besoin de calme pendant la journée, prenez votre instrument et jouez.

Certaines personnes n'ont jamais eu l'occasion d'apprendre à jouer d'un instrument, mais ce peut être une activité très créative et également très relaxante. Pourquoi ne pas apprendre à jouer du piano, du tuba, de la clarinette ou de la guitare? Vous y gagnerez en satisfaction, en confiance en vous, et surtout en calme.

Fleurs de houblon

137

Le houblon est une plante grimpante poussant en Amérique du Nord, en Asie et en Europe, et dont les fleurs peuvent avoir un effet calmant sur le corps. On les utilise depuis des siècles pour leurs vertus sédatives qui permettent de traiter l'insomnie, l'anxiété et la tension.

Les fleurs de houblon sont souvent associées à la racine de valériane, à la passiflore et à la camomille sauvage dans des préparations pour infusions, de sorte à renforcer leur effet. On peut les utiliser sèchées et mélangées au bain, comme complément alimentaire ou comme extrait de thé.

Assurez-vous de consulter un herboriste ou un pharmacien avant d'en consommer.

138 Gelsemium pour l'appréhension

Le remède homéopathique Gelsemium peut vous aider si vous souffrez de trac lorsqu'il s'agit de faire partie d'une représentation publique ou d'un entretien, ou même si vous vous sentez nerveux avant un examen, un rendez-vous chez le dentiste ou tout autre évènement stressant.

Gelsemium est connu pour soulager l'appréhension d'événements particuliers ainsi que les états d'anxiété généralisée. Le dosage 30 CH est recommandé; il est à prendre dès qu'on en a besoin et jusqu'à trois fois par jour, sans dépasser une prise quotidienne d'une semaine.

Ne vous en faites pas
pour des riens
ce ne sont que des riens.

Richard Carlson

Figues au four

139

Les figues sont pleines de potassium, qui devrait faire votre bonheur si vous vous sentez irritable après une mauvaise journée. Essayez cette recette simple. Préchauffez votre four à 200°C et huilez un plat avec de l'huile d'olive. Après avoir coupé les tiges, coupez 2 figues en 2, placez-les dans le plat (partie coupée tournée vers le haut), arrosez-les de jus de citron et saupoudrez-les de cassonade. Cuisez pendant 15 minutes, puis saupoudrez du reste de sucre avant de remettre 15 minutes au four. Servez avec une bonne cuillerée de crème par-dessus pour vous aider à vous sentir vraiment calme.

140 Dessiner pour se détendre

Calme instantané

HAUT EN COULEURS

Lorsque vous faites un dessin, faites-le aussi coloré que possible en utilisant une grande variété de feutres de couleur.

Pourquoi ne pas essayer de dessiner votre tension? Ce peut être un dessin abstrait, un griffonnage ou une représentation symbolique de vous-même lorsque vous êtes tendu. Laissez votre dessin vous dire comment vous ressentez cette tension, ce qui la cause et ce que vous pouvez faire pour y remédier.

Fermez les yeux, prenez une grande inspiration et détendez-vous. À présent, faites un dessin de détente. Ce peut être un dessin abstrait, un griffonnage ou une représentation symbolique de vous-même lorsque vous êtes détendu. Cette activité vous fera prendre pleinement conscience de la différence entre détente et tension. (adaptation à partir d'un livre intitulé *The Creative Journal* par Lucia Carpacchione).

Méditation d'écoute

141

Essayez cette méditation calmante partout où vous voudrez. Asseyez-vous dans une position confortable et fermez les yeux; prenez quelques respirations profondes et détendez votre corps. Prêtez attention à tous les sons qui vous entourent sans toutefois y penser.

Si vous vous surprenez à penser à un bruit ou à autre chose, alors ramenez-vous à l'écoute pure. Voyez comme un son surgit dans votre conscience puis disparaît à nouveau. Même ceux qui continuent longtemps ne sont jamais exactement les mêmes d'un moment à l'autre. Chaque son est unique et appartient au moment présent. Écouter de cette façon les sons qui surgissent à chaque instant permet de rester alerte et de laisser le moment présent être simple

142 Thérapie par le shopping

Un peu de thérapie par le shopping peut apaiser un esprit troublé, mais ne vous endettez pas pour autant, sous peine de troubler votre esprit davantage ! Si vous vous sentez déprimé ou stressé, échappez-vous quelques heures pour aller flâner dans les magasins. Vous verrez que le lèche-vitrines vous sortira de vous-même. Même si vous n'achetez qu'un tube de rouge à lèvres ou un bouquet de fleurs, cela vous calmera et vous remontera le moral.

Le stress n'est pas ce qui nous arrive ; c'est notre réaction face à ce qui arrive, et la réaction est quelque chose que l'on peut choisir.

Maureen Killoran

Marchez sur la plage

143

En plus de la vue magnifique sur l'océan et de l'exercice qu'on prend en la faisant, il y a de nombreux avantages à une promenade sur la plage, en hiver comme en été. Quel que soit le temps, essayez de ramasser des objets inhabituels ou attrayants. N'oubliez pas de vous arrêter à la vue d'un joli coquillage, un morceau de verre poli par la mer ou de bois flotté. Regardez l'écume aller en venir en rouleaux à l'effet hypnotique, et prêtez attention aux couleurs changeantes de l'eau et du ciel.

Dans votre journal, faites une liste des choses que vous avez vues et qui vous attirent le plus. Écrivez ce qu'elles signifient pour vous et pourquoi.

Calme instantané

TRÉSORS DE BORD DE MER

- Coquillages
- Bois flotté
- Vagues
- Couchers de soleil
- Verre poli par la mer
- Galets
- Algues
- Sable

144 Roulez en rollers

Si vous avez passé votre temps libre à faire du patin à roulettes lorsque vous étiez enfant, vous rappelez-vous cette sensation de liberté? Lorsque vous enfiliez vos patins et que vous faisiez la course dans le parc ou dans la rue, n'était-ce pas une expérience de pure joie?

Pourquoi ne pas redécouvrir cette sensation maintenant? Les rollers, version moderne des patins à roulettes, peuvent être extraordinairement amusants, et c'est un excellent moyen de se déstresser et de garder la forme. N'oubliez pas non plus le patinage sur glace en hiver; c'est un frisson de saison pour les petits comme pour les grands.

Hors de contrôle

145

Une des erreurs les plus répandues est celle qui consiste à croire que l'on peut contrôler autrui. On intègre cette croyance en observant ses propres parents et professeurs, et leurs tentatives d'avoir de l'ascendant sur les autres.

Quand on s'énerve après quelqu'un, cela signifie que l'on essaie de le contrôler. Le problème, c'est que, dès que cette personne en prend conscience, elle érige des murs entre elle et nous et il devient impossible d'influencer.

En vérité, plus on essaie de contrôler les autres, plus ils se mettent hors de portée, alors que moins on tente de les enfermer, plus on a d'influence et de chances de trouver le calme.

La pensée du jour

AUX COMMANDES

Qui essayez-vous de contrôler aujourd'hui ?

146 Sachet de bain apaisant

Se détendre signifie évacuer toutes les inquiétudes et les tensions pour laisser l'ordre naturel de la vie couler en soi.

Donald Curtis

Pour confectionner un sachet de bain aux herbes, remplissez un carré d'étamine de fleurs de sureau, de jasmin, de tilleul et de racine de valériane, puis fermez-le à l'aide d'un bout de fil de laine. Placez le sachet dans votre bain partiellement rempli d'eau chaude. Laissez tremper pendant 15 minutes, puis achevez de remplir votre baignoire. Rappelez-vous qu'un bain tiède sera énergisant, et qu'un bain chaud aura tendance à engourdir davantage.

Laissez le sachet dans l'eau pendant votre bain afin d'en tirer le plus de bienfaits possible, et pressez-le de temps en temps. Si vous préférez une douche, passez ce sachet d'herbes sur tout votre corps.

Désencombrez votre vie

147

De nos jours, l'existence a tendance à être inutilement compliquée, ce qui affecte notre degré de stress. Le désordre crée une tension réelle, c'est pourquoi il faut faire l'effort d'élaguer et de réduire au minimum tous les aspects de sa vie, que ce soit en termes de possessions, d'engagements ou de personnes.
On a tendance à avoir trop de choses dans sa vie ; débarrassez-vous donc des possessions qui n'apportent rien à votre existence, des choses qui prennent de la place ou rendent la prise de décision plus complexe.
Identifiez ce que vous souhaitez garder pour atteindre vos objectifs, et pensez aux choses que vous êtes prêt à laisser partir. Dépistez les activités qui consument votre temps et votre énergie, mais qui ne sont pas nécessairement importantes. Libérez-vous des relations qui ne vous apportent rien, car les gens aussi peuvent être superflus et encombrants !

Calme instantané

FAITES UNE LISTE

Aujourd'hui, faites une liste de 10 choses qui vous tracassent. Donnez-vous un mois pour les régler ou vous en débarrasser !

148 Une journée à la maison

Prenez un jour entier de congé et ne prenez pas la peine de vous habiller. Détendez-vous, mettez-vous à l'aise, et faites ce que vous voulez. Vous aurez l'impression d'être en vacances sans même avoir à sortir de chez vous!

149 Comptez les bonnes choses

Vous arrive-t-il souvent de compter les choses positives dans votre vie? La plupart des gens minimisent l'importance des bonnes choses et se focalisent sur les mauvaises. Faites une liste de tout ce qui vous est arrivé de bien pendant la journée. Reconnaissez ce que vous avez accompli, et cela vous aidera à accroître votre confiance en vous et votre sérénité.

Faites le ménage

150

Le ménage? Oui, vous ne rêvez pas, j'ai bien dit ménage! C'est un excellent moyen d'avoir une maison propre tout en faisant de l'exercice : ainsi, vous faites d'une pierre deux coups!

Sortez l'aspirateur, époussetez vos étagères et bougez-vous! Des mouvements vigoureux et répétitifs peuvent apaiser et faire entrer dans un état quasi méditatif, tandis que l'activité physique énergique aide à évacuer le stress. Vous serez récompensé par un espace de vie plus propre et un environnement plus apaisant une fois que vous aurez terminé. Que des avantages!

151 Soin du visage chez vous

Offrez-vous un soin du visage calmant aujourd'hui :

1. Nettoyez votre peau en mouvements circulaires partant de votre cou jusqu'en haut du visage.
2. Remplissez un bol d'eau chaude et ajoutez-y 2 gouttes d'huile essentielle de lavande. Penchez-vous au-dessus de l'eau avec une serviette recouvrant votre tête et respirez profondément.
3. Appliquez votre exfoliant sur le visage en mouvements circulaires. Rincez.
4. Placez des tranches de concombre ou des sachets de thé froid sur vos yeux en attendant que votre masque agisse. Rincez.
5. Massez votre peau avec une crème de massage à l'huile. Prenez de l'huile de germe de blé comme base et ajoutez-y soit 2 gouttes d'huile d'arbre à thé (pour les peaux grasses) soit 2 gouttes d'essence de néroli (pour les peaux sensibles). Appliquez ce mélange de larges gestes en partant de votre cou pour remonter au visage. Faites pénétrer par de petits mouvements circulaires.

Déléguez

152

Vous voyez-vous comme un être surhumain capable de faire tout et n'importe quoi? Déléguer est un moyen de partager les charges et de calmer la cadence effrénée de sa vie. Si quelqu'un d'autre peut exécuter une tâche que vous aviez prévu de faire, alors profitez-en. Libérez-vous pour autre chose de plus agréable, ou encore mieux, pour ne rien faire du tout.

Prends du repos ;
un champ qui a reposé
donne une récolte
abondante.

Ovide

check-list 5 Quels progrès ?

Que vous ayez essayé plusieurs idées ou une seule ce mois-ci, il est bon de méditer sur ce que vous avez choisi d'expérimenter et pourquoi, et de voir si cela vous a réussi.

1. Combien d'activités avez-vous essayées ce mois-ci ?

- 1–3 activités ☐
- 4–10 activités ☐
- 11–20 activités ☐
- 21–31 activités ☐

2. Combien de ces activités avez-vous renouvelées plusieurs fois au cours du mois ?

- 1–3 activités ☐
- 4–10 activités ☐
- 11–20 activités ☐
- 21–31 activités ☐

3. Quelles activités ont eu un effet positif sur votre humeur ce mois-ci ?

Utilisez la page ci-contre pour consigner ce qui vous a réussi et ce qui ne vous a pas réussi.

Notes, remarques et pensées

153 Manucure maison

Il est temps de se détendre lorsqu'on n'en a pas le temps.

Attribué à Jim Goodwin et Sydney J. Harris

S'occuper de soi-même peut être profondément calmant. Pourquoi ne pas vous offrir une manucure maison?

1. Ôtez votre vieux vernis avec du dissolvant sur un disque de coton.
2. Trempez vos mains dans un bol d'eau tiède pendant 5 minutes. Ajoutez 2 cuillerées de savon liquide afin de ramollir vos ongles.
3. Appliquez de l'huile ou de la lotion pour cuticules sur des mains sèches, afin de nourrir et d'adoucir les endroits rugueux.
4. Utilisez un bâtonnet adapté pour repousser vos cuticules.
5. Exfoliez vos mains avec un mélange d'huile d'olive et de sel ou de sucre non raffiné. Frottez pendant 2 à 3 minutes, puis lavez-vous les mains avec soin.
6. Séchez-vous les mains et appliquez une crème hydratante riche.
7. Appliquez une première couche de vernis incolore, puis deux couches fines de la couleur de votre choix. Terminez avec une couche de vernis incolore.

La scutellaire pour les nerfs

154

Si vous souffrez de tension nerveuse, pourquoi ne pas essayer la scutellaire comme sédatif léger? On la trouve souvent associée à la valériane pour traiter les insomnies. Cette herbe fait partie de la famille de la menthe, et provient d'Amérique du Nord, où on la trouve en abondance dans les forêts humides.

Préparez-vous une tasse de tisane à la scutellaire en versant 25 cl d'eau bouillante sur 5 à 10 g (1 ou 2 cuillères à café) de cette herbe séchée. Laissez infuser 10 à 15 minutes, et buvez cette tisane trois fois par jour. Vois pouvez aussi prendre une solution fabriquée avec de la scutellaire fraîche, à raison de 2 ml (une demi-cuillère à café) 3 fois par jour.

155 Créez un mandala

Le mot «mandala» vient du sanskrit, langue ancienne de l'Inde. Traduit littéralement, il signifie «cercle»; un mandala représente le concept d'entièreté et symbolise de l'univers. On l'utilise généralement comme outil pour la méditation. Les mandalas ont un centre, ou un axe, autour duquel des symboles importants et chargés de sens, comme des divinités, sont disposés.

Le processus de création d'un mandala est une activité très créative et très apaisante grâce à la concentration requise. Vous pouvez en créer un avec des feutres de couleur, des craies ou de la gouache, sur un support de papier. Commencez par tracer un cercle en vous aidant d'une assiette, puis remplissez ce cercle de couleurs et de formes en utilisant toute symbolique qui vous tient à cœur ou vous inspire.

Méditation debout

156

Essayez donc ceci comme stratégie pour vous calmer : mettez-vous debout, la main sur le ventre. Fermez les yeux, détendez-vous et respirez normalement. Lorsque vous expirez, votre ventre devrait rentrer et votre main se rapprocher de votre corps. Afin de respirer correctement, assurez-vous que vos épaules ne montent ni ne descendent. Cela s'appelle la respiration abdominale. À présent, fermez les yeux et commencez à compter vos respirations. Allez dans votre tête jusqu'à 11 respirations, puis recommencez à zéro. Continuez à faire cela de manière répétée, et, si vous perdez le fil, recommencez à zéro.

157 Faites vos choix propres

La pensée du jour

SENS DU DEVOIR

Avant d'agir, méditez sur les expressions « je devrais » et « il faudrait ».

Lorsqu'on fait des choix significatifs dans sa vie, on a la sensation de maîtriser davantage son existence, et on se sent donc globalement beaucoup plus calme. Faites-vous des choix dans la vie, ou agissez-vous en fonction de ce que vous « devriez » faire et de ce qu'il « faudrait » faire?

Considérez toutes les activités que vous entreprenez aujourd'hui. Quels sont les choix que vous faites de votre plein gré et ceux que vous faites parce que vous vous sentez responsable de quelqu'un ou de quelque chose? Peut-être essayez-vous de faire plaisir à quelqu'un d'autre, quelqu'un qui vous rend nerveux?

Mangez frais

158

Les aliments frais ont un plus grand apport nutritif et sont meilleurs pour le développement du corps et de l'esprit. Les fruits et légumes biologiques sont les meilleurs pour la santé du fait de leur teneur minimale en substances chimiques nocives, et la viande et le poisson biologiques contiennent beaucoup moins d'hormones. Préparer un repas à partir de produits frais est une activité très calmante, et le fait de savoir que ce que l'on mange est bon pour la santé est un plus incontestable.

159 Rêvassez un peu

Rêver éveillé est un excellent moyen de rester calme dans une situation intense. Prenez une pause de 5 minutes, coupez-vous de votre existence et imaginez-vous en train de vous détendre, ou repensez à un événement de votre vie particulièrement heureux ou agréable. Le fait de vous accorder cette pause avant de revenir à la réalité présente peut vous aider à mieux affronter une situation.

Fruits rouges apaisants

160

Mangez des fruits rouges pour aider à calmer vos nerfs lorsqu'ils sont un peu à vif. Grâce aux glucides naturels de ces fruits, qui se transforment très lentement en sucre, vous ne ressentirez ni hypoglycémie ni coup de barre. Les fruits rouges sont aussi une bonne source de vitamine C, qui aide à réduire la sécrétion de cortisol, hormone du stress.

Pour une présentation délicieusement appétissante, ajoutez une cuillerée de crème fraîche sur votre bol de fraises et de framboises, et saupoudrez le tout d'amandes concassées.

Se détendre signifie évacuer toutes les inquiétudes et les tensions pour laisser l'ordre naturel de la vie couler en soi.

Donald Curtis

161 Sortez du déni

Calme instantané

Changez les choses

Identifiez quelque chose de simple que vous pourriez changer aujourd'hui dans votre vie.

Êtes-vous tellement accoutumé au stress que vous vous attendez à ce qu'il fasse régulièrement partie de votre existence? Vous plaignez-vous de votre vie sans pour autant faire grand-chose pour la changer?

Réfléchissez aux questions suivantes : Quel est la chose que vous avez le plus peur de dire tout haut concernant votre vie? Que craignez-vous peut qu'il vous arrive? Si vous deviez mourir d'un accident demain, quel serait votre plus grand regret? Peut-être que, pour introduire un sentiment d'ordre dans votre existence, vous avez besoin de vous réveiller et de changer quelque chose.

Étirements dans la douche 162

L'eau chaude assouplit les muscles, c'est pourquoi il est plus facile de s'étirer comme il faut dans la douche. Les mouvements d'étirement aident à évacuer la tension accumulée et permettent de commencer la journée en se sentant plus calme, plus apaisé et prêt à affronter tout ce qui croise notre chemin.

Admettez la réalité 163

Affrontez sans hésiter les causes de stress. N'essayez pas de les nier ou de vous dire : « si seulement ça n'était pas arrivé », mais pensez : « C'est bien réel. Je peux y remédier en trouvant la meilleure façon possible d'y faire face ici et maintenant. »

164 Méditation lumineuse

Commencez cette méditation calmante en visualisant chaque inspiration comme un souffle de lumière blanche. Avec chaque expiration, imaginez que le souffle vous quitte sous forme de fumée noire, qui représente toute la négativité accumulée dans votre corps. Imaginez-la sortant de votre bouche et se dissipant dans l'air.

Poursuivez cette respiration purifiante pendant quelques minutes, puis visualisez un rayon clair et chaud arrivant sur votre tête et vous traversant le corps, puis faisant demi-tour en arrivant à vos pieds et remontant le long de votre colonne vertébrale pour vous envelopper tout entier d'une douce sérénité.

Pleurez un bon coup

165

Les êtres humains sont les seuls mammifères capables de verser des larmes d'émotion. Saviez-vous que pleurer est en fait une forme d'évacuation du stress? C'est une fonction biologique naturelle et essentielle qui a pour résultat l'élimination des hormones du stress.

Lorsqu'on ressent de la pression, de la frustration, du chagrin, de la colère ou toute autre émotion négative, pleurer est un moyen efficace de les évacuer. C'est une manière naturelle et parfaitement saine et normale d'évacuer le stress, et l'on ne devrait jamais s'en vouloir de pleurer.

Calme instantané

VERSEZ UNE LARME

Ne retenez pas vos larmes; elles sont là pour vous soulager du stress.

166 La posture aisée

Pour un exercice véritablement calmant, essayez la posture de yoga appelée posture facile. Asseyez-vous les jambes croisées, les mains sur les genoux, la tête et le dos droits. En inspirant, levez les bras au-dessus de votre tête, paumes tournées vers le plafond, puis entrelacez vos mains et étirez-vous vers le haut sur toute la longueur de vos bras et de votre colonne vertébrale.

Expirez et baissez les bras, paumes vers le bas. Répétez cela plusieurs fois. Puis, les bras ballants le long du corps, faites rouler vos épaules vers l'avant, vers le haut en direction de vos oreilles, vers l'arrière, puis relâchez-les. Faites ces mouvements plusieurs fois, puis répétez l'exercice dans la direction opposée.

Arborez un visage calme

167

La sagesse conventionnelle dit que la joie déclenche le sourire, mais des études récentes suggèrent que ce processus fonctionne en réalité dans les deux sens.

Sourire peut contribuer à un sentiment de joie, et, en situation stressante, cela peut vous aider à rester calme. Essayez de sourire davantage, et vous verrez bientôt que vous commencerez à vous sentir mieux.

Calme instantané

ACCROCHEZ UN SOURIRE À VOTRE FACE

Aujourd'hui, commencez de prendre l'habitude de sourire chaque fois que vous y pensez. Cela aura un impact positif sur tous les aspects de votre vie.

168

Lotion pour les mains au néroli

L'huile de néroli est produite à partir de la fleur d'oranger amer, et elle est connue pour avoir un effet apaisant sur le système nerveux.

Essayez de concocter un mélange délicieux pour vos mains : ajoutez 3 ou 4 gouttes de cette huile essentielle à 25 cl d'huile d'amande douce et 2 cuillères à soupe d'huile de germe de blé.

Pour fixer l'huile afin de prolonger ses effets, essayez d'y ajouter de l'extrait de pépin de pamplemousse, et, si vous souhaitez utiliser ce mélange sur des enfants ou une femme enceinte, divisez la quantité d'huile essentielle par 2.

Masque de beauté

169

Un masque est un excellent moyen de se détendre et de se refaire une beauté par la même occasion. Essayez ce masque facial délicieusement parfumé. Mélangez 2 cuillères à café de miel, 2 cuillères à café d'huile d'amande douce et 3 gouttes d'huile essentielle de rose. À présent, prenez une gélule de vitamine E, ouvrez-la et ajoutez la poudre à votre mélange. Appliquez-le sur la peau propre de votre visage et de votre cou en massant du bout des doigts. Détendez-vous pendant un quart d'heure, puis rincez avec de l'eau tiède. Tamponnez doucement votre peau avec une serviette pour la sécher et découvrez votre nouveau teint frais et doux.

Plus un homme devient tranquille, plus il a de succès, d'influence et de pouvoir de faire le bien. La sérénité de l'esprit est l'un des joyaux magnifiques de la sagesse.

James Allen

170 Un bon bain de pieds

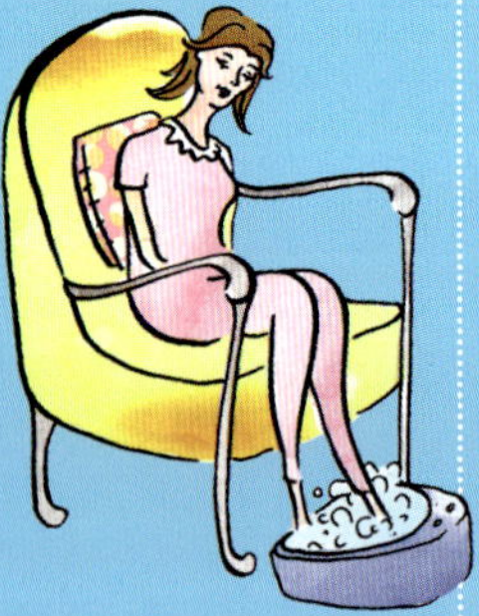

Il est bon et apaisant de prendre soin de ses pieds avec amour. Lorsque vous avez un moment libre, essayez ce bain de pieds pour vous dorloter. Versez suffisamment d'eau chaude dans une cuvette pour recouvrir vos pieds. Mélangez 5 gouttes d'huile essentielle de lavande ou de bois de santal à 1 cuillère à café de vinaigre de cidre, et ajoutez le tout à la cuvette d'eau chaude. Le vinaigre de cidre crée une émulsion avec l'huile, et possède également des vertus thérapeutiques. Vous pouvez aussi procéder autrement : mélangez l'huile essentielle à du lait en poudre, et faites-en une pâte avant de la mélanger à l'eau, ce qui produira également. Si vous voulez que votre bain de pieds soit encore plus efficace, vous pouvez disposer des billes ou de petits galets au fond de la cuvette et les faire rouler sous vos pieds.

Penchez-vous et respirez

171

Pour vous calmer et vous revigorer, essayez cet exercice simple. Debout, les pieds légèrement écartés, étirez vos bras au-dessus de votre tête aussi haut que vous pouvez sans ressentir d'inconfort. En levant les bras, inspirez lentement jusqu'à remplir vos poumons, puis penchez votre corps en avant à partir des hanches, les genoux légèrement fléchis, tout en balançant les bras vers le bas et derrière vous.

En vous penchant en avant, expirez rapidement et videz tout l'air de vos poumons. Redressez-vous et inspirez profondément tout en étirant à nouveau les bras vers le haut. Répétez cet exercice plusieurs fois pour stimuler le flux de chi (terme de médecine chinoise traditionnelle signifiant «énergie»). Ce processus permet également d'assouplir des muscles tendus.

172 Essayez le « Dog Rose »

Si vous vous sentez apeuré, l'essence de fleurs du bush australien appelée Dog Rose peut peut-être vous calmer, car elle aide à surmonter sa peur en augmentant le flux du chi (l'énergie du corps).

Cette essence a également une action sur la Rate, qui, selon la médecine chinoise traditionnelle, favorise l'absorption de l'essence spirituelle contenue dans les aliments, qui passe ensuite dans la glande pinéale (le troisième œil) et favorise la compréhension spirituelle pour encore plus de calme.

Utilisez la PNL

173

Essayez la programmation neuro-linguistique pour calmer votre esprit. Imaginez votre voix intérieure en train de vous critiquer, et visualisez sa localisation spatiale. Votre voix intérieure est-elle derrière vous, sur votre gauche, sur votre droite ou devant vous? Prenez conscience de la manière dont elle vous parle et du son de cette voix.

À présent, interrompez ce schéma de pensée. Pensez à cette voix critique et imaginez qu'on l'enregistre et qu'on la joue à l'envers. Écoutez-la d'abord à un rythme rapide, puis au ralenti, et entendez-la ensuite à l'envers en accéléré. Faites cela 3 fois. À présent, remplacez cette voix à l'envers par un message positif, auquel vous donnerez une voix calme et amicale. En interrompant le schéma et en changeant la structure, votre esprit vous permet de vous sentir plus détendu.

Il est peu de circonstances qui distinguent aussi fortement le philosophe que le calme avec lequel il peut répondre aux critiques qu'il juge sans doute sévères et non méritées.

174 Utilisez votre vision périphérique

Calme instantané

SERVEZ-VOUS DE VOS YEUX

Dans les moments de battement ou de temps libre, efforcez-vous de vraiment regarder quelque chose comme pour la première fois, tel un enfant. Vous commencerez alors à remarquer des choses que vous n'aviez jamais vues auparavant.

Si vous vous sentez un peu tendu, utiliser votre vision périphérique vous aidera à vous calmer. Trouvez un point fixe devant vous sur lequel vous concentrer. À présent, prenez graduellement conscience de ce qui se trouve autour de ce point, et laissez votre vision s'étendre devant vous jusqu'aux coins de la pièce, tout en gardant les yeux rivés sur ce point.

Laissez votre conscience s'étendre à ce qui se trouve derrière vous, et vos sens de l'ouïe, du toucher, de l'odorat et votre conscience de l'espace se déplacer eux aussi à la périphérie. Remarquez les changements positifs dans votre état physiologique.

Voyez la vie en rose

175

Vous êtes-vous déjà demandé pourquoi les petites filles aiment tant le rose? Peut-être est-ce une couleur agréable et apaisante. Le rose est rassurant, tendre, protecteur et plein de compassion. Vous pouvez, pourquoi pas, essayer de l'utiliser chez vous, ou peut-être porter un vêtement ou un accessoire rose afin de favoriser des sentiments positifs et rassurants.

176 Soyez fier de vos talents

Lorsque la vie vous fatigue, prenez quelques instants pour cpenser à tout ce que vous avez fait. Cela aura pour effet de vous calmer et de stimuler votre confiance en vous.

Si vous croyez ne rien avoir accompli, pensez à toutes ces choses que vous considérez comme des riens : savez-vous cuisiner, lire ou faire du vélo? Êtes-vous le genre de personne organisée qui s'occupe des papiers dans la famille, qui paie les factures et se charge d'emmener les enfants à l'école? Prenez le temps d'être fier de vous!

Soyez en beauté

177

Même si vous ne faites rien de spécial et que vous ne sortez pas, enfilez votre tenue préférée, faites vos ongles, mettez un peu de rouge à lèvres ou coiffez vos cheveux autrement aujourd'hui. N'hésitez pas ensuite à vous sourire dans la glace avant de partager ce sourire avec le reste du monde! C'est le moyen le plus rapide et le plus efficace pour se remonter le moral. On se sent immanquablement plus calme lorsqu'on est à son avantage.

178 Portez un collier d'onyx

L'onyx est une forme de quartz réputé pour absorber les émotions intenses, favorisant ainsi le calme. Si vous avez tendance à vivre en fonction de vos émotions et que vous peinez à rester conscient de se qui se passe autour de vous, un collier d'onyx peut vous aider à vous ancrer.

179 Un bain neutre

Un bain neutre, bain dans lequel on se plonge jusqu'au cou dans de l'eau à une température légèrement inférieure à celle du corps, est excellent pour apaiser l'agitation émotionnelle. Restez-y pendant une vingtaine de minutes en ajoutant régulièrement un peu d'eau pour maintenir une température constante.

Soyez votre meilleur ami

180

Si vous êtes formidable envers vos amis, pourquoi ne pas l'être à votre propre égard? Êtes-vous trop dur envers vous-même? Essayez de voir les choses ainsi : feriez-vous une remarque déplaisante à votre meilleur ami s'il avait eu une mauvaise journée? Bien sûr que non. Que se passerait-il si vous vous efforciez d'être votre meilleur ami? Seriez-vous capable de vous montrer plus compréhensif et plus encourageant envers vous-même? Aujourd'hui, soyez pour vous aussi cette personne chaleureuse qui fait preuve d'un grand soutien! Cessez de contrer votre propre bien-être et choyez-vous. Vous verrez que votre amour-propre grandira très vite, et vous vous découvrirez plus calme et plus satisfait de vous-même et du monde qui vous entoure.

181 Le stress géopathique

Le stress géopathique est le nom que l'on donne aux énergies naturelles ou artificielles émanant de la terre et qui peuvent être néfastes pour notre santé. Parmi les exemples de causes de stress géopathique, on trouve les alignements mégalithiques, les cours d'eau souterrains, les fondations, les égouts et les tuyaux d'alimentation en eau potable.

Si vous êtes sensible au stress géopathique, vous avez peut-être des difficultés à être heureux, énergique, émotionnellement stable et en bonne santé. Il est possible d'utiliser toute une gamme de méthodes comme la kinésiologie, la radiesthésie et l'intuition pour localiser la source et l'intensité du stress géopathique dans votre maison ou sur votre lieu de travail.

Recentrez-vous

182

L'endroit du corps sur lequel on se concentre peut avoir un effet considérable sur le bien-être. Portez donc votre attention sur un point bien particulier de votre corps, situé juste sous le nombril et à mi-chemin entre votre ventre et votre dos, au centre même de votre corps. En même temps, regardez droit devant vous et mettez-vous en mode de vision périphérique. Laissez votre corps se détendre. Vous pouvez maintenir cette concentration sur votre point central en tout temps, quoi que vous fassiez. Si l'on se concentre réellement sur ce point, le corps ne peut ressentir d'anxiété.

Calme instantané

ENCAS APAISANT

Essayez donc de manger une banane (pas trop mûre) pour vous calmer à tout moment.

check-list 6 Quels progrès ?

Que vous ayez essayé plusieurs idées ou une seule ce mois-ci, il est bon de méditer sur ce que vous avez choisi d'expérimenter et pourquoi, et de voir si cela vous a réussi.

1. Combien d'activités avez-vous essayées ce mois-ci ?

- 1–3 activités ☐
- 4–10 activités ☐
- 11–20 activités ☐
- 21–31 activités ☐

2. Combien de ces activités avez-vous renouvelées plusieurs fois au cours du mois ?

- 1–3 activités ☐
- 4–10 activités ☐
- 11–20 activités ☐
- 21–31 activités ☐

3. Quelles activités ont eu un effet positif sur votre humeur ce mois-ci ?

Utilisez la page ci-contre pour consigner ce qui vous a réussi et ce qui ne vous a pas réussi.

Notes, remarques et pensées

183 Ennuyez-vous à en dormir

Calme instantané

SI VOUS NE DORMEZ PAS

Au lieu de retourner dans votre tête vos tracas habituels, répondez à deux questions pour le lendemain : « Quelle tenue vais-je porter ? » et « Que vais-je cuisiner ? ». Le temps d'y répondre, vous serez presque endormi.

Une journée stressante peut empêcher de s'endormir aussi facilement qu'on le voudrait. Si cela vous arrive, essayez de vous « assommer » d'ennui pour mieux vous endormir. Cela vous semble peut-être étrange, mais cette méthode est très efficace, et cela n'implique pas nécessairement de compter les moutons.

Essayez de penser à quelque chose qui vous ennuie (un programme télé assommant ou une personne pas très intéressante). L'idée est d'occuper son cerveau et d'empêcher les soucis de s'immiscer dans les pensées.

Enveloppement corporel apaisant

184

Essayez un enveloppement corporel fait maison, qui calmera vos nerfs à vif (vous aurez peut-être besoin de l'aide d'un ami pour le réaliser).

Enveloppez votre corps entier dans un drap mouillé et froid, puis couvrez-vous d'une couverture en laine. Gardez vos pieds au chaud avec des couvertures ou un bain de pieds. Restez enveloppé jusqu'à ce que votre corps ait séché le drap, après quoi la température sera neutre, ce qui devrait prendre environ une demi-heure. Une fois que vous aurez retiré le drap, vous vous détendrez et vous endormirez facilement.

185 Prenez confiance en vous

Calme instantané

AUTORENFORCEMENT

Essayez ces idées :

- Variez votre trajet pour aller au travail.
- Prenez vos repas à des horaires légèrement différents.
- Cessez de regarder la télévision à certaines heures.
- Reprenez un loisir ou une occupation que vous aviez abandonnés.

Avez-vous remarqué que l'on a tendance à s'agiter lorsqu'on se sent impuissant? La définition de ce qu'on appelle l'autonomisation commence avec un processus de pensée par lequel on se sent sûr de soi : on a l'impression de maîtriser sa propre vie; on n'est pas à la merci des événements, mais on peut avoir un impact sur ce qui nous arrive et sur ce qui arrive autour de nous.

Un simple exemple d'autonomisation consiste à changer une habitude ancrée en soi depuis longtemps. Vous pouvez d'abord essayer de vous mettre à un exercice physique ou un sport quotidien, ou encore de repenser la façon dont vous réagissez face à une personne qui semble toujours essayer de vous énerver.

Jouez avec des enfants

186

Vous amusez-vous suffisamment dans la vie? Il est bien plus facile de se distraire un peu quand on a des enfants à soi ou dans sa famille. Faites l'effort d'être d'humeur enjouée, et vous remarquerez que cet échange léger peut changer les idées de façon radicale.

Réfléchissez à la manière dont vous vous comportez avec les enfants. Jouez-vous réellement avec eux ou vous contentez-vous de les surveiller en les laissant s'occuper tous seuls? Vous rouler par terre avec eux, pétrir de la pâte à modeler ou peindre un chef-d'œuvre avec les mains avec eux peut vous distraire de vos soucis personnels, et les enfants adoreront cela, bien entendu.

187 Visualisez une personne calme

La visualisation est l'art de créer une image mentale semblable à la perception visuelle. La prochaine fois que vous vous sentirez agité, asseyez-vous ou allongez-vous, fermez les yeux et prenez quelques inspirations profondes. Visualisez-vous comme la personne détendue que vous rêvez d'être. Voyez-vous la tête haute, physiquement détendu et calme. Vous pouvez faire face à n'importe quel problème avec assurance et rester calme. Vous imaginez ainsi vous aidera à devenir plus calme au quotidien.

L'eau chaude pour soulager

188

Lorsque vous souffrez d'un mal de tête dû au stress, essayez cette technique très simple. Remplissez un lavabo de l'eau la plus chaude possible et mettez-y les mains. Laissez-les dans l'eau, et, à mesure que celle-ci refroidit, rajoutez de l'eau chaude et gardez-y les mains pendant quelques minutes. Le sang affluera vers les mains et quittera le cerveau, vous débarrassant ainsi de votre mal de tête.

189 Une bonne marche

Calme instantané

LIEUX DE PROMENADE

Essayez ces différents endroits :

- Un grand centre commercial
- Un parc en ville
- Un nouveau quartier
- Un parc national

L'un des moyens les plus simples de diminuer le stress est de faire une longue marche bien fatigante. Un exercice ardu et énergique associé à un changement de décor et éventuellement au grand air est une excellente recette pour se sortir de soi-même et voir sa vie d'un autre œil.

Enfilez des vêtements confortables et des chaussures conçues pour la marche, puis allez où bon vous semble. Vous n'avez pas besoin de vivre près de montagnes pour faire une vraie randonnée. Lorsque le temps le permet, vous pouvez partir à la découverte d'un parc en ville, et, si le temps est trop mauvais, vous pouvez toujours arpenter les centres commerciaux. Choisissez l'option la plus pratique et la plus calmante pour vos nerfs.

Jouez à de vieux jeux vidéo

190

Un peu de nostalgie est si bon, et peut avoir un effet remarquablement calmant. Peut-être adorez-vous Pac-Man; dans ce cas, pourquoi ne pas essayer de retrouver de vieux jeux vidéo que vous aimiez lorsque vous étiez petit? Il existe des sites Internet où l'on peut y jouer sans les télécharger; vous pouvez aussi en dénicher dans une brocante ou un dépôt-vente.

191 Le temps de terminer le repas

Les emplois du temps chargés ne permettent pas toujours de terminer un repas en prenant son temps, ce qui peut contribuer au stress. Vous avez sans doute l'habitude de repas de midi avalé en hâte entre deux rendez-vous. Aussi, chaque fois que vous avez le temps de prendre un repas sans avoir à retourner ensuite au travail, profitez-en. Ce sera bon pour votre système digestif et pour vos nerfs. Rappelez-vous en mangeant que vous n'avez pas besoin de vous dépêcher.

Pas de procrastination

192

Remettre les choses à plus tard ou les faire à la dernière minute peut contribuer au stress. Cependant, il est important de se connaître : vous faites peut-être partie des personnes qui travaillent mieux sous pression, et qui s'angoissent davantage lorsqu'elles commencent les choses trop tôt. Si, si, ça existe !

Pardonnez-vous

193

La vie n'est pas parfaite, et vous ne l'êtes pas non plus. Tout le monde fait des erreurs. Peut-être auriez-vous pu prendre de meilleures décisions, mais à quoi bon y penser sans cesse? Cela change-t-il la décision ou le résultat? Non! Pardonnez-vous et laissez cela derrière vous.

Le calme est le berceau du pouvoir.

J. G. Holland

194 Achetez un podomètre

Si vous aimez la marche, vous verrez qu'en plus d'être un excellent exercice physique, elle permet d'évacuer le stress. Profitez d'autant d'occasions de marcher que vous le pouvez au cours de votre journée. Essayez de vous fixer un objectif de 10000 pas par jour, ou de trouver la distance qui vous convient le mieux.

Si vous n'atteignez pas l'objectif d'une journée, vous pouvez reporter le reste, ou bien vous en contenter et recommencer à zéro le lendemain. Vous n'aurez de comptes à rendre qu'à vous-même, et vous vous débarrasserez d'un peu de stress à chaque pas.

Ça n'est pas grave !

195

Est-il possible que vous soyez stressé parce que vous surestimez vos agents stressants? Peut-être qu'en y regardant de plus près, vous vous rendrez compte que nombre d'entre eux ne sont pas si graves.

Une fois que vous en prendrez conscience, vous aurez la sensation de pouvoir affronter tout ce qui advient : votre perception des problèmes sera relativisée, et vous pourrez alors vous rasséréner.

Calme instantané

MÉDITATION EXPRESS

Allumez une bougie et fixez-la du regard; vous vous sentirez suprêmement calme.

196 Ça passera

Lorsqu'Abraham Lincoln connut le stress de la Maison Blanche, il se dit : « Cela aussi, ça passera. » Il utilisait cette phrase comme une sorte de mantra pour se rappeler que la seule constante de l'univers est son impermanence. Dites-vous cette phrase la prochaine fois que vous vous tracasserez, car certaines des circonstances dans lesquelles vous vous trouverez évolueront assez rapidement. Rappelez-vous aussi que vos sentiments changeront inévitablement, même si vous ne faites rien pour cela. Ainsi, ils ne seront pas éternellement négatifs. C'est une idée simple, mais qui relâchera la pression du moment, et fera de vous une personne bien plus calme dans vos échanges avec autrui.

Pomme de terre en robe de champs

197

Il est des moments où un peu de fantaisie fait du bien, et c'est particulièrement vrai pour ce que l'on mange. Peut-être est-il temps pour vous de prendre un encas réconfortant, et les pommes de terre en robe des champs sont les reines de cette catégorie. Mettez une pomme de terre au four ou au micro-ondes. Lorsqu'elle est presque cuite, faites sauter 100 g de dinde à feu vif. Fendez la pomme de terre en deux et mettez-y un peu de beurre, de sel de mer et de poivre. Recouvrez le tout de 200 g de fromage frais, de la dinde et de ciboulette.

Si l'on est tourmenté par quelque chose d'extérieur, la douleur n'est pas due à cette chose même, mais à notre propre interprétation de cette chose, à laquelle on peut renoncer à tout moment.

Marc-Aurèle

198 Faites une liste de vos qualités

Il est parfois très bon de faire des listes. Elles sont vraiment efficaces, car elles permettent de donner une forme tangible aux choses sur lesquelles on doit se concentrer, plutôt que de les laisser flotter dans sa tête. C'est notamment valable lorsqu'on a besoin de faire la liste des qualités qui font de nous quelqu'un de remarquable !

Êtes-vous gentil ? Attentionné ? Patient ? Intelligent ? Drôle ? Digne de confiance ? Aimant ? Gardez votre liste à portée de main, et relisez-la chaque fois que vous vous sentez un peu déprimé. Vous êtes exceptionnel, alors fêtez vos qualités uniques et appréciez-vous !

Technique de respiration yogique

199

Respirer en utilisant une technique de yoga peut être particulièrement déstressant et calmant. Essayez celle qui suit, qui aide à calmer et à équilibrer le flux de chi, et qui est également un remède simple et rapide contre le hoquet.

Asseyez-vous calmement, le dos droit et les pieds bien à plat par terre. Fermez les yeux et inspirez lentement en comptant jusqu'à 4. Retenez votre souffle en comptant jusqu'à 4, puis expirez lentement en comptant encore jusqu'à 4. Répétez ce schéma de respiration trois fois.

200 Étirements de chat

La posture yogique de l'étirement du chat peut s'avérer extrêmement calmante. Mettez-vous à 4 pattes, rentrez le menton en direction de votre poitrine et arrondissez le dos en le montant vers le plafond. Tenez cette pose pendant quelques instants, puis revenez lentement à une position au dos plat. Expirez en arrondissant le dos, et inspirez en l'aplatissant. Répétez ces mouvements plusieurs fois. En étirant le corps, on ouvre des zones qui peuvent être ankylosées après une position assise prolongée à un bureau, et on permet ainsi au chi de circuler plus librement.

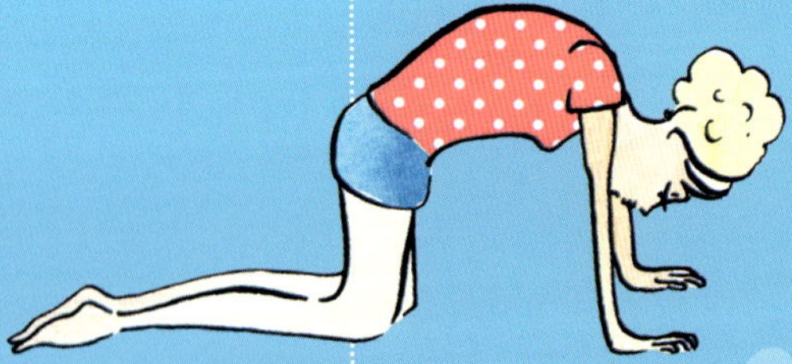

Méditation de qi gong

201

Le qi gong est une gymnastique traditionnelle chinoise énergisante utilisée depuis longtemps pour favoriser le calme. Essayez cette méditation utile.

Dans un endroit calme, tenez-vous debout, les pieds presque joints. Laissez vos bras ballants le long du corps et fermez les yeux. Détendez les muscles de votre visage et vos épaules. Détendez votre poitrine et tout le devant de votre corps. Sentez comme votre respiration est naturelle. Détendez votre dos et sentez tous les muscles s'assouplir.
Détendez vos membres supérieurs jusqu'au bout des doigts. Détendez vos membres inférieurs jusqu'aux orteils. Sentez toute la tension quitter votre corps par la plante de vos pieds. Après avoir détendu tout votre corps, détendez-vous mentalement. Ressentez l'absence totale de soucis et de pensées dans votre esprit.

Le cyclone tire sa force d'un centre calme. Il en va de même pour une personne.

Norman Vincent Peale

202

Massage au géranium rosat

Le géranium rosat fut introduit en Europe au XVIIe siècle, et s'est avéré très prisé. Son huile a un effet rééquilibrant sur le système nerveux, et elle peut aider à soulager l'anxiété tout en améliorant l'humeur. Vous en tirerez le maximum de bienfaits en la mélangeant à de l'huile essentielle de lavande et de néroli pour en faire une huile de massage.

Le géranium rosat est à éviter en cas de grossesse.

Réflexologie palmaire

203

Il existe des techniques de réflexologie que l'on peut apprendre à pratiquer sur soi-même en situation de stress, et qui aident à soulager l'anxiété.

Saisissez votre index gauche de votre main droite, et appuyez légèrement. Maintenez la pression jusqu'à ce que vous sentiez votre pouls, puis relâchez. Passez au majeur, et de la même façon, appuyez légèrement jusqu'à sentir votre pouls. Continuez avec l'annulaire et l'auriculaire, puis passez à l'autre main.

204 Méditation vibrée

Calme instantané

COLOMBE DE PAIX

Gardez une carte postale ou un dessin de colombe blanche au-dessus de votre bureau afin de vous rappeler constamment le mot « paix ».

Si vous vous sentez stressé, essayez cette technique de libération de sons pour vous calmer.

Debout, les pieds écartés de la largeur des épaules, fléchissez les genoux et centrez vos hanches, comme si vous étiez sur le point de vous accroupir. Gardez une posture souple et confortable, les bras le long du corps. Commencez par prendre quelques respirations purifiantes. Choisissez un mot comme « calme », et scandez-le à voix haute. Concentrez-vous uniquement sur la répétition de ce mot, encore et encore. Laissez le son de ce mot vibrer dans votre corps tout entier. Il est important de faire rouler le son dans tout le corps afin d'éliminer la raideur de chaque muscle.

Frappez un oreiller

205

Si vous vous sentez sur les nerfs, frapper un oreiller ou un coussin est un excellent moyen d'évacuer le surplus d'énergie. Réfugiez-vous dans un espace rassurant, tel que votre lit ou votre canapé. Asseyez-vous en silence en réfléchissant à vos sentiments pendant un petit moment, puis lâchez-vous. Frappez jusqu'à ce que vous n'en ayez plus la force. Peut-être ressentirez-vous le besoin de pleurer ou de crier un bon coup en même temps ; laissez s'exprimer vos émotions, et vous vous sentirez plus calme.

La dernière des libertés humaines est de choisir son attitude en toutes circonstances données, de choisir son propre chemin.

Dr Viktor Frankl

206 Besoins spirituels

Nous avons tous besoin de spiritualité, que nous voulions ou non l'admettre, et le corps, l'esprit et l'âme sont intimement liés. Ainsi, l'inspiration que l'on tire de la spiritualité est une part essentielle du processus de guérison. Peut-être votre sensation de stress est-elle pour votre esprit un moyen d'attirer votre attention sur des questions spirituelles.

Vous ouvrir aux besoins de votre âme permettra de favoriser la guérison de votre corps et de votre esprit.

Faites un petit somme

207

Faire une petite sieste comme les chats peut contribuer à réduire l'accumulation de stress pendant la journée et augmenter la vivacité d'esprit pour vous aider à affronter le reste de la journée.

Votre sieste devrait être de 15 à 20 minutes, afin de donner à votre corps l'occasion de recharger ses batteries. Le meilleur moment de la journée est environ 8 heures après le lever, et 8 heures avant le coucher.

208 Par étapes

Prenez les choses étape par étape; cela vous aidera à diminuer votre anxiété. Si des projets tels qu'emballer une montagne de cadeaux ou vider un lave-vaisselle vous semblent trop difficiles ou trop ennuyeux, concentrez-vous sur la réalisation d'une étape du processus à la fois.

209 Arrêtez de le prendre pour vous

Ce conseil permettant de réduire le stress peut être appliqué en cas de circulation dense en ville, de kilos superflus difficiles à perdre, de patron mal luné, d'ordinateur qui refuse de fonctionner ou de clés perdues. Rappelez-vous, ne le prenez pas pour vous!

Brûlez de l'encens

210

L'encens apaise et calme l'esprit en ralentissant la respiration. Le mot «encens» signifie littéralement «ce qui est brûlé», et on le trouve à de nombreuses reprises dans la Bible, notamment parmi les présents apportés par les Rois mages à la naissance du Christ.

Essayez d'utiliser de l'encens lorsque vous méditez. Si vous le placez dans un brûleur d'encens en bois de santal, ce mélange calmera votre esprit, réduira votre anxiété et vous aidera à trouver la paix intérieure.

211 Acceptez le changement

Le changement fait partie de la vie, mais il est parfois difficile à accepter. Nous avons tous des rêves et des objectifs, mais il faut parfois se rendre à l'évidence et accepter le fait que certains d'entre eux ne peuvent plus être atteints et ne se réaliseront jamais.

Si c'est le cas pour vous, accepter des circonstances qui ne peuvent être modifiées pourra vous aider à vous concentrer sur celles que vous pouvez changer.

Rapprochez-vous de vos buts

212

On a parfois des rêves et des objectifs qui ne sont pas réalistes et on perd parfois du temps à désirer quelque chose qui n'arrivera jamais.

Si vous êtes comme cela, il est temps d'élaborer des objectifs réalistes. Établissez une liste de petites étapes que vous pouvez accomplir afin de vous rapprocher de vos objectifs. Faire quelque chose régulièrement, même si cela vous semble minime, peut vous permettre d'y arriver. Plutôt que de vous focaliser sur des tâches qui semblent impossibles à accomplir, demandez-vous : « Que puis-je faire aujourd'hui qui me permette ne serait-ce que d'aller dans la direction que je souhaite prendre ? »

check-list 7

Quels progrès ?

Que vous ayez essayé plusieurs idées ou une seule ce mois-ci, il est bon de méditer sur ce que vous avez choisi d'expérimenter et pourquoi, et de voir si cela vous a réussi.

1. Combien d'activités avez-vous essayées ce mois-ci ?

- 1–3 activités ☐
- 4–10 activités ☐
- 11–20 activités ☐
- 21–31 activités ☐

2. Combien de ces activités avez-vous renouvelées plusieurs fois au cours du mois ?

- 1–3 activités ☐
- 4–10 activités ☐
- 11–20 activités ☐
- 21–31 activités ☐

3. Quelles activités ont eu un effet positif sur votre humeur ce mois-ci ?

Utilisez la page ci-contre pour consigner ce qui vous a réussi et ce qui ne vous a pas réussi.

Notes, remarques et pensées

213

Posture équilibrée

La poursuite, même des meilleures choses, doit être calme et tranquille.
Cicéron

Les gens stressés ont souvent une posture voûtée et sont un peu recroquevillés comme s'ils se défendaient contre le monde.

Le maintien d'une bonne posture fonctionne un peu comme le sourire. Si l'on fait l'effort de sourire, on commence à se sentir plus heureux. Le même concept s'applique à la posture : l'équilibre physique contribue à l'équilibre émotionnel.

Gardez donc la tête haute, le menton rentré, la poitrine haute, le bassin et les hanches horizontaux, le dos droit dans la limite du confort et le ventre sans tension. Vous verrez sans tarder que vous commencerez à vous sentir libéré du stress.

Essayez le plan incliné

214

Pour un exercice yogique calmant, essayez la posture du plan incliné. Asseyez-vous par terre, les jambes étendues devant vous et les orteils vers le haut. Placez vos mains derrière la ligne de votre bassin. Inspirez, et prenez appui sur vos mains, tout en gardant les pieds joints et les plantes de pieds à plat par terre et en laissant retomber votre tête en arrière dans la limite du confort.

Gardez la colonne vertébrale parfaitement droite et rentrez les abdominaux en les contractant intensément. Contractez les muscles fessiers et les cuisses, et gardez les rotules tournées vers le haut. Tenez la pose. Expirez et redescendez votre corps jusqu'au sol.

215 Souvenirs de calme

Mettez par écrit une expérience passée lors de laquelle vous vous êtes senti réellement calme. Demandez-vous ce qui vous a mis dans cet état d'esprit. Qui était présent? Où étiez-vous? Que s'est-il passé? Qu'avez-vous fait?

Racontez cette expérience de façon aussi précise que possible, afin que son image soit très nette dans votre esprit. Trouvez autant de mots descriptifs que vous le pouvez afin de vraiment raviver le souvenir. Reportez-vous à cette expérience encore et encore afin de vous rappeler que vous avez été calme par le passé et que vous le serez à nouveau!

Méditation avec mantra

216

Un mantra est un outil, un chant, un mot ou un fredonnement qu'on peut utiliser pour approfondir la méditation. Il fonctionne sur le mode de la vibration dans le corps.

Asseyez-vous dans une position confortable et fermez les yeux. Gardez la tête droite et les épaules détendues. Commencez par respirer régulièrement et profondément. Entamez votre mantra en entonnant un « oh » profond du fond de votre bouche et de votre gorge. Amenez le son vers l'avant en ouvrant la bouche plus grand, ce qui aura pour effet de faire évoluer votre son « oh » en « ah » légèrement plus aigu. Enfin, fermez la bouche et fredonnez le son « mmm ». Sentez-le vibrer sur vos lèvres. Répétez l'exercice 2 fois encore.

Faites cet exercice très lentement en produisant des sons aussi riches et vibrants que possible et en les prolongeant aussi longtemps que possible.

217 Essayez Cherry Plum

Le remède de fleurs de Bach appelé Cherry Plum est à essayer si vous avez peur de perdre votre sang-froid, si vous en êtes arrivé au stade du grincement de dents et des pensées telles que « je vais tuer quelqu'un ».

Sirotez un peu d'eau contenant quelques gouttes de Cherry Plum, pratiquez la respiration profonde, et vous recouvrerez une sensation de calme et d'équilibre intérieurs, ce qui vous permettra ainsi d'agir à nouveau de façon rationnelle.

Une mer calme ne produit pas un marin habile. On ne peut diriger le vent, mais on peut ajuster les voiles. N'importe qui peut tenir la barre lorsque la mer est calme.

Tom Culve

Faites une diète d'informations

218

Les informations sont importantes, mais ce qu'on apprend par le biais des médias peut être extrêmement stressant. Si vous entendez, voyez ou lisez trop de choses négatives, elles peuvent avoir un effet néfaste sur vous et sur votre approche de la vie.

Choisissez un jour de la semaine lors duquel vous évitez de regarder ou d'écouter les informations à la télé, sur Internet ou par le biais de toute autre source, cela vous fera énormément de bien. Si quelque chose de réellement important se passe, vous l'apprendrez bien d'autres gens, et la paix et la tranquillité contribueront à réduire votre stress.

219 Cessez de vous dénigrer

Parfois, l'ennemi est dans notre tête, sous la forme de dénigrement personnel. Nous connaissons tous la sensation du «singe de l'esprit», cette voix intérieure apparemment incontrôlable qui semble toujours nous dicter ce que nous avons à faire et qui est souvent encline à critiquer. Si vous vous soupçonnez de vous parler régulièrement de façon négative dans votre tête, peut-être pouvez-vous essayer d'apprendre à vous parler de façon positive.

En tenant un journal, en utilisant des affirmations positives et en vous entourant d'énergie positive, vous pouvez changer radicalement les choses et ressentir bien moins de stress mental et émotionnel dans votre vie.

Faites quelque chose d'apaisant

220

Une activité manuelle répétitive comme le tricot, le crochet ou la poterie peut être extrêmement thérapeutique et calmante. Tandis que les mains travaillent, l'esprit passe en mode de méditation ; il est libéré par l'activité et peut alors dériver tranquillement.

Ne vous souciez pas d'exceller dans ce que vous faites, mais contentez-vous de vous concentrer sur le processus, car c'est la partie de l'activité qui est la plus bénéfique et la plus calmante. Le fait de rester calmement assis tout en effectuant ces mouvements a un effet calmant et stabilisant sur de nombreuses personnes. Cela peut être aussi le moment de rassembler ses pensées.

Calme instantané

ACTIVITÉS CALMANTES

Essayez :

- Le tricot et le crochet
- La dentelle
- La vannerie et la poterie
- Le tissage
- La broderie et la couture
- Le patchwork et la fabrication de courtepointes
- La fabrication de pain
- Le travail du bois

221 *Méditation focalisée*

Il règne un calme, une joie muette sur une existence vécue dans la gratitude.
Ralph H. Blum

Si la méditation vous est utile, pourquoi ne pas essayer cette technique de méditation focalisée? On se concentre intensément sur quelque chose, sans avoir besoin d'appliquer aucune pensée à l'objet en question. On peut choisir quelque chose de visuel, comme un bouddha, ou d'auditif, comme un métronome ou un enregistrement de vagues d'océan.

Vous pouvez aussi essayer quelque chose de constant, comme la respiration, ou un concept simple appelé «pleine conscience», selon lequel on demeure dans le moment présent et où l'on évite le flux constant de commentaires provenant de l'esprit pour pouvoir glisser dans un état de conscience calme.

Une tasse de thé vert

222

Le thé vert est une boisson naturellement calmante, notamment grâce à la théanine qui est son ingrédient principal. Faites néanmoins attention, car il contient de la caféine, bien que présente en faible quantité, qui pourrait agir comme un excitant non souhaité.

Regard concentré

223

Regardez un objet de votre choix avec stabilité et concentration, et respirez profondément. Sentez la chaleur envahir votre ventre et votre poitrine, respirez et développez un regard fixe mais doux.

224 Jouez les touristes dans votre ville

Peut-être avez-vous vraiment besoin de vacances, et c'est pourquoi vous vous sentez stressé, mais sans doute ne pouvez-vous pas en prendre pour le moment. Voici une idée : pourquoi ne pas jouer les touristes sans pour autant voyager? Vous serez surpris de voir comme il est amusant de voyager dans sa propre ville, et vous découvrirez tous les recoins cachés que vous n'avez jamais eu le temps d'explorer.

Rendez-vous à l'office du tourisme ou à la bibliothèque municipale, et planifiez-vous un programme touristique sur mesure, comme si vous veniez d'arriver dans votre ville ou votre village. Évitez toutes les choses que vous faites habituellement, et essayez des choses uniques que vous envisagez depuis un moment ou dont vous n'avez même jamais entendu parler.

Essayez l'écriture créative

225

Un exercice d'écriture créative vous mettra sur la voie de l'inspiration et vous permettra de penser à quelque chose de totalement extérieur à votre vie en vous fournissant une échappatoire, l'espace de quelques heures.

Imaginez un scénario, puis commencez à le mettre par écrit. Par exemple, vous pouvez décider que vous organisez un repas de fête pour 10 personnes. Les invités peuvent être réels ou imaginaires, vivants ou morts. Ils peuvent appartenir à n'importe quelle catégorie socioprofessionnelle et venir de partout dans le monde. Qui inviteriez-vous? Planifiez la réception et la scène comme vous le feriez pour un événement réel. Où organiseriez-vous cette fête? Quel serait votre plan de table? Que serviriez-vous à vos invités? Jouez à l'hôte accompli et assurez-vous que vos convives aient un interlocuteur avec des centres d'intérêts semblables.

Apprendre à ignorer les choses est une des grandes voies menant à la paix intérieure.

Robert J. Sawyer

226 Le moment de jouer

Lorsque vous étiez enfant, vous aviez probablement différents jeux. Du jeu de l'oie aux dames en passant par Twister pour les fêtes d'anniversaire, vous saviez comment passer le temps tout en vous amusant. Maintenant que vous êtes adulte, vous pensez peut-être que vous avez trop à faire pour vous divertir et que les jeux ne sont pas pour vous.

Ne sous-estimez pas les bienfaits et l'effet apaisant d'un jeu de Scrabble ou autre. Ces jeux génèrent la convivialité, la camaraderie, l'esprit de compétition et permettent de se détendre et de profiter de l'instant présent avec les autres.

Dessin, peinture, sculpture

227

Tout le monde a dans son enfance passé du temps à dessiner et à peindre; rappelez-vous comme vous vous sentiez alors calme et concentré. Exprimer ce que l'on a en soi à l'aide de crayons ou de pinceaux ne devrait pas être seulement un loisir pour enfants ou pour les rares adultes ayant la possibilité de devenir artistes.

Que vous griffonniez avec des crayons lors de votre pause au travail ou que vous achetiez du matériel de dessin pour vous lancer dans des réalisations folles pendant votre temps libre, une activité artistique dans votre vie peut vous aider à digérer les émotions, à vous exprimer, à vous soulager du stress, et vous aurez bien sûr au final une œuvre d'art à encadrer ou tout au moins à exposer sur le frigo.

La poursuite, même des meilleures choses, doit être calme et tranquille.

Cicéron

228 Imaginez l'avenir

Vous rappelez-vous ce que vous répondiez, enfant, à la question: «Que veux-tu faire quand tu seras grand?» Vos réponses d'autrefois ont-elles quelque chose à voir avec la manière dont vous vivez aujourd'hui?

Si vous avez trop de stress dans votre vie, réexaminer la question pourrait vous apporter des réponses concernant le présent et l'avenir. Faites-vous vraiment ce pour quoi vous étiez fait? Demandez-vous à quoi votre vie idéale ressemblerait, puis prenez des mesures pour vous rapprocher de cet idéal.

Bercez votre dos

229

Cette posture de yoga aide à soulager la tension du dos et stimule le flux du chi (terme désignant l'énergie vitale en médecine chinoise traditionnelle) dans tout le corps.

Allongez-vous sur le dos, de préférence sur un tapis de yoga, et amenez vos genoux vers votre poitrine. Enlacez vos jambes avec vos bras afin de les soutenir. Bercez-vous doucement et lentement d'avant en arrière. La pression exercée sur la colonne vertébrale aide à débloquer les zones tendues et encourage le mouvement du chi.

230 Appréciez ce qui va bien

Plus on se focalise sur les problèmes, plus on est stressé. Inversement, plus on se concentre sur ce qui va bien, mieux on se sent. Faites une liste mentale ou écrite de tout ce qui va bien dans votre vie. Pensez à vos relations, vos responsabilités familiales, votre travail, vos amitiés et votre maison.

Vous pourriez bien découvrir qu'il est impossible d'être simultanément stressé et possible.

Pour cette raison, l'appréciation peut s'avérer un des outils les plus efficaces pour apaiser la tension et se sentir instantanément mieux.

Diversion et distraction

231

Éloignez-vous un instant des tâches ou des situations qui sont sources de stress et de frustration. Allez faire un tour à pied ou préparez-vous une boisson chaude apaisante.

Bien sûr, vous vous rendrez vite compte que cela n'attaque pas le problème à la racine et ne le résout pas, mais cela vous permet de prendre un peu de distance par rapport à la source de votre stress afin de vous calmer et de reprendre votre souffle. Cela vous donnera également l'occasion de réfléchir à la situation de manière plus objective.

Les grands événements me rendent calme et silencieuse ; ce ne sont que les futilités qui irritent mes nerfs.

La Reine Victoria

Calme instantané

ÉVALUEZ VOTRE STRESS

Faites une liste de tout ce qui vous agace :

- Votre partenaire
- Vos enfants
- Les tâches ménagères
- Trop de travail
- Pas assez de travail
- L'ennui
- Votre patron

232 Comprenez vos émotions

Regardez en vous et essayez d'identifier les situations qui sont génératrices de stress et d'émotions négatives dans votre vie. Ces derniers peuvent provenir d'un événement déclencheur comme une charge de travail trop importante.

Les émotions négatives sont aussi le résultat de nos propres pensées concernant un événement. Par exemple, la manière dont on interprète ce qui s'est passé peut modifier la façon dont on le vit et le stress qu'il génère en nous.

Le rôle principal des émotions est de nous faire voir le problème pour ce qu'il est, afin que nous puissions procéder aux changements nécessaires.

Jouez avec un chat ou un chien

233

Les experts s'accordent à dire que les propriétaires d'animaux de compagnie vivent plus longtemps et présentent moins de symptômes de stress que les autres, et il n'est pas rare de constater la joie des gens qui promènent leur chien ou qui sont en contact avec les animaux. Les animaux ont des vertus anti-stress étonnantes. Jouer avec son animal de compagnie (ou celui de quelqu'un d'autre !) a un effet très positif sur le moral, car il s'agit d'une forme d'échange qui ne comporte pas de pression due aux attentes de l'un et de l'autre ! Que vous caressiez votre chat, lanciez un frisbee à votre chien ou admiriez les paisibles habitants d'un aquarium, votre stress fondra comme neige au soleil !

Le stress est un état ignorant, qui croit que tout est une urgence. Rien n'est si important que ça.

Natalie Goldberg

234 *Laissez jouer l'enfant qui est en vous*

Un moyen amusant de diminuer le stress est de libérer l'enfant qui est en vous et de le laisser jouer. Donnez-vous une boîte à jouets contenant votre matériel de travaux manuels, de la pâte à modeler ainsi qu'un flacon pour faire des bulles de savon. Pensez comme si vous aviez 5 ans; rappelez-vous ce que vous aimiez faire lorsque vous étiez enfant, et que vous pourriez adapter à votre mode de vie et à votre situation actuelle.

Le secret de la réussite est d'être en harmonie avec l'existence, d'être toujours calme, de laisser chaque vague de vie nous rejeter un peu plus loin sur la plage.

Cyril Connolly

Respiration de karaté

La méditation de respiration de karaté peut vous rendre extraordinairement calme, alors essayez-la aujourd'hui.

Asseyez-vous dans une position confortable et fermez les yeux. Gardez le dos droit, les épaules détendues et la tête haute. Prenez une grande inspiration en gonflant votre ventre et en gardant les épaules détendues et basses. Retenez votre souffle en comptant jusqu'à 4. Expirez, et répétez 2 fois. Respirez ensuite normalement en vous concentrant sur votre souffle.

Inspirez par le nez et expirez par la bouche en gonflant le ventre. Si vos pensées dérivent vers vos soucis du jour, redirigez votre attention sur votre souffle et restez dans le présent. Sentez le flux d'air entrer et sortir. Poursuivez cet exercice aussi longtemps que vous le désirez. Vous devriez bientôt sentir votre corps plus détendu et votre esprit plus calme.

236 Une soirée détente

Calme instantané

Prenez date

Lorsque vous avez besoin de vous calmer, bloquez une soirée rien que pour vous.

Si vous vous retrouvez à avoir une soirée libre, pourquoi ne pas essayer ce traitement de dorlotement personnel?

Tout d'abord, offrez-vous quelque chose de sain et de délicieux à manger; choisissez quelque chose que vous aimez par-dessus tout. Puis, prenez un bain éclairé de bougies; séchez-vous avec une serviette chaude et moelleuse, et apaisez ensuite votre corps avec un mélange de 5 gouttes d'huile essentielle de bois de santal et 5 gouttes d'encens ajoutés à 30 g d'huile de base comme de l'huile d'amande douce (si vous en avez de reste, vous pouvez la conserver dans une bouteille en verre orange ou bleu). À présent, pelotonnez-vous dans votre lit avec un bon livre, une tasse d'infusion à la camomille et si possible la personne que vous aimez!

Respiration à l'envers

237

Se concentrer sur son souffle est l'un des meilleurs moyens de se déstresser rapidement et efficacement.

Commencez avec la respiration abdominale. Expirez tout l'air de vos poumons par la bouche, puis laissez votre ventre se gonfler en remplissant à nouveau vos poumons. À l'expiration, dites « 10 » en laissant sortir la tension comme si elle quittait votre corps avec l'air. À l'expiration suivante, dites « 9 », et ainsi de suite jusqu'à « 1 ». Lorsque vous arrivez à « 1 », recommencez. À chaque expiration, rappelez-vous que vous évacuez la tension.

Beaucoup de gens répètent cette séquence lentement pendant 15 à 20 minutes ; à chaque nouveau compte à rebours, on atteint un degré de détente plus profond.

238 Débloquez-vous

Recroquevillez-vous en position du fœtus (sur le côté, les jambes repliées sous le menton), respirez profondément et fredonnez. Vous pouvez aussi vous bercer d'avant en arrière. Concentrez-vous sur les sentiments qui veulent émerger.

239 Comme un poisson dans l'eau

Faire l'acquisition d'un aquarium est une thérapie anti-stress extrêmement efficace. Des études ont montré qu'observer des poissons dans un aquarium permet de diminuer le stress, et le simple fait de regarder un documentaire sur les poissons a des effets thérapeutiques avérés.

Résolution de conflits

240

Avez-vous tendance à vous montrer agressif envers autrui, quand une simple affirmation de soi serait bien mieux perçue ? Vous laissez-vous marcher sur les pieds sans rien faire parce que vous ne savez pas comment dire « non » ?

Voici 9 façons d'aborder calmement le conflit :

- Utilisez des messages à la première personne (par exemple, « ***Je*** comprends que tu sois en colère, mais… »).
- Restez concentré.
- Écoutez attentivement.
- Essayez de voir le point de vue de l'autre.
- Réagissez aux critiques avec empathie.
- Reconnaissez vos tords.
- Cherchez le compromis.
- Prenez de la distance, éloignez-vous momentanément.
- N'abandonnez pas.

241 Station thermale à la maison

Passer une journée dans une station thermale est un moyen parfait pour se ménager un moment de détente, mais si vous n'en avez pas près de chez vous ou si c'est un loisir trop onéreux, vous pouvez créez votre propre environnement thermal chez vous. Si vous n'avez pas d'exfoliants, de masques ni de traitements, vous pouvez trouver des recettes sur Internet pour en fabriquer vous-même.

Faites suivre votre traitement d'un bain chaud et moussant éclairé de jolies bougies d'aromathérapie, et, si vous en avez envie, offrez-vous une pédicure ou une manucure maison.

Plus vous vous sentirez stressé avant votre journée thermale à la maison, plus vous devrez vous chouchouter pour y arriver à un état de calme.

Un jardin en pots

242

Travailler avec les plantes et mettre ses mains dans la terre est extrêmement thérapeutique et calmant. Ne vous inquiétez pas si vous n'avez pas de jardin, car les personnes habitant en appartement peuvent tout de même profiter des joies du jardinage. Vous pouvez faire un jardin en pots plutôt qu'en parterres. Disposez-les dans votre maison, dans une cour, sur une terrasse ou sur un balcon. Démarrer et installer une collection de pots demande un peu de travail, mais vous verrez que vous occuper de plantes, de fruits, de légumes et de fleurs et les regarder pousser ou fleurir est très gratifiant. Vous constaterez sans tarder que cette forme de jardinage à petite échelle est un excellent moyen de contrôler le stress et les soucis. Et, qui plus est, vous créerez ainsi un environnement paisible et très joli.

Calme instantané

MÂCHOIRE SERRÉE

Remuez la mâchoire de gauche à droite et de droite à gauche pour la détendre.

check-list 8

Quels progrès ?

Que vous ayez essayé plusieurs idées ou une seule ce mois-ci, il est bon de méditer sur ce que vous avez choisi d'expérimenter et pourquoi, et de voir si cela vous a réussi.

1. Combien d'activités avez-vous essayées ce mois-ci ?
- 1–3 activités ☐
- 4–10 activités ☐
- 11–20 activités ☐
- 21–31 activités ☐

2. Combien de ces activités avez-vous renouvelées plusieurs fois au cours du mois ?
- 1–3 activités ☐
- 4–10 activités ☐
- 11–20 activités ☐
- 21–31 activités ☐

3. Quelles activités ont eu un effet positif sur votre humeur ce mois-ci ?
Utilisez la page ci-contre pour consigner ce qui vous a réussi et ce qui ne vous a pas réussi.

Notes, remarques et pensées

243 L'aconit réconfortant

Si vous avez subi un choc important et que vous avez besoin de vous calmer, envisagez ce premier secours homéopathique. Le remède appelé Aconitum permet de minimiser les réactions négatives suite à un choc physique ou émotionnel, et il aide à mettre sur la voie de la guérison.

Lorsque vous vous sentez apeuré, anxieux, en proie à la panique, essayez Aconitum en 30 CH. Cela vous apportera calme et réconfort, et vous aidera à faire face à la situation.

Vous rappelez-vous la dernière fois que vous avez été seul et que vous avez profité de votre tranquillité? Et si vous vous donniez la permission de vous «déconnecter» du bruit et des distractions de ce monde et que vous trouviez du temps pour la solitude et le silence?

Vous pouvez faciliter cette déconnection en vous coupant du bruit incessant généré par la radio, la télévision et les distractions irrésistibles que sont Internet et le téléphone portable, afin de libérer de l'espace pour le repos et la contemplation. Pourquoi ne pas allumer quelques bougies flottantes pour vous calmer? Essayez un peu de solitude aujourd'hui et voyez l'effet que cela aura sur vous.

245 Appuyez sur le bouton «calme»

Au lieu d'activer votre bouton «panique» quand vous êtes stressé, il est bien plus utile d'appuyer sur le bouton «calme». Lorsque quelque chose ou quelqu'un cause de l'agitation en vous et que vous sentez que vous perdez la maîtrise de vous-même, visualisez dans votre tête un gros bouton sur lequel est écrit «CALME». Donnez-lui une forme assez visible et agréable, par exemple ronde et de couleur pastel. Chaque fois que vous voyez votre panneau ou votre bouton «calme», laissez-le vous rappeler de ralentir vos activités, votre corps et votre respiration. Fermez les yeux et dites-vous : «Je suis calme et prêt à affronter ceci.»

Méditation ensoleillée

246

Trouvez un endroit au calme, allongez-vous ou asseyez-vous et fermez les yeux. Commencez par vous imaginer dehors, dans votre coin de nature préféré. Concentrez-vous sur tout ce que vous y voyez et ressentez. Sentez la chaleur du soleil sur votre visage ; imaginez qu'il passe sur tout votre corps, réchauffant et détendant vos muscles. Votre corps flamboie tant qu'on dirait que la lumière du soleil vient de l'intérieur de votre corps, et non pas de l'extérieur.

La lumière vous régénère de l'intérieur, tandis que le soleil vous éclaire de l'extérieur et vous détend, et vous vous retrouvez entouré d'une grande bulle de lumière chaude et éclatante. À mesure que la lumière s'intensifie, vous sentez l'énergie affluer dans votre corps. Toutes vos tensions ont disparu et sont remplacées par une lumière remplie de calme.

247 Un peu d'extravagance

Lorsque la vie devient un peu lassante et ennuyeuse, arborez quelque chose que vous ne songeriez jamais à porter en temps normal : un chapeau bariolé, un bijou ostentatoire… Ce peut être un accessoire très visible ou caché.

Pas la peine d'en faire trop ; ajoutez simplement ce petit quelque chose qui sort de l'ordinaire ; pourquoi pas vos sous-vêtements Snoopy que personne ne verra, mais qui vous feront sourire toute la journée.

Prenez le contrôle

248

Prenez le contrôle de ce qui est en votre pouvoir et oubliez, ou ignorez, toutes les choses que vous ne pouvez pas maîtriser. Cette résolution vous procurera un sentiment de puissance et de calme. Vous êtes suffisamment sage pour faire la différence entre ce que vous pouvez contrôler et ce qui est hors de portée; reconnaissez en outre que vous n'êtes pas obligé de tout faire tout seul, et prenez la décision de demander de l'aide chaque fois que vous en aurez besoin.

*Si vous parvenez
à atteindre le repos
et le calme, croyez bien
que vous avez saisi
le bonheur.*

Jeanne Julie Éléonore de Lespinasse

249 Commencez à dire « non »

Il y a de nombreuses chances que « non » ait été votre premier mot dans l'enfance, mais vous avez sans doute appris très vite à ne pas l'utiliser. Ne croyez pas devoir dire « oui » aux choses que vous ne voulez pas faire, surtout lorsque vous avez l'impression que l'on profite de vous. Dire « oui » à ce genre de choses ne fera que vous stresser !

Entraînez-vous à tracer vos propres limites. Commencez par des gens avec qui les relations sont faciles, par exemple un ami proche, avant de vous attaquer à des « clients » plus difficiles comme votre patron ou votre mère. N'oubliez pas, si vous ne savez pas dire « non », veillez au moins à ne pas dire « oui » ; dites « peut-être », qui est une bonne solution, car il vous donne une occasion de réfléchir. Vous pourrez toujours dire « non » plus tard.

Anémone apaisante

250

L'anémone pulsatille fait partie de cette grande famille de plantes appelées renonculacées. C'est une plante nervine particulièrement bienfaisante pour les femmes. Vous pouvez utiliser le remède homéopathique Pulsatilla (30 CH) pour calmer et apaiser vos nerfs et pour réduire votre niveau de stress.

Il n'est pas besoin d'aller
en Inde ou ailleurs pour trouver
la paix. Vous trouverez ce lieu
de silence profond dans
votre chambre, votre jardin
ou même dans votre bain.

Élisabeth Kubler-Ross

251 Pawpaw pour plus de clarté

*Il règne
un calme,
une joie muette
sur une existence
vécue dans
la gratitude.*
Ralph H. Blum

Faire des choix est difficile pour beaucoup d'entre nous. Il semble parfois qu'une décision importante relève de l'impossible; on se sent étouffé et accablé, et le niveau de stress atteint des sommets incontrôlés.

Pawpaw, une essence du bush australien, vous aidera à vous concentrer sur un problème et à voir les choses clairement avant de prendre une décision.

Lorsque vous vous sentez incapable de résoudre un problème, prenez 4 gouttes de cette essence dans un peu d'eau, et vous en ressentirez rapidement les bienfaits.

Remettez les choses à leur place

252

Même lorsque vous être confronté à un événement douloureux, essayez d'envisager cette situation stressante dans un contexte plus large, et réfléchissez sur le long terme. Évitez de grossir l'événement et de lui donner des proportions déraisonnables.

Mangez léger

253

Essayez ce déjeuner léger et réconfortant. Faites griller deux tranches de pain aux céréales. Placez quatre pointes d'asperges entre vos 2 tranches de pain grillé et recouvrez-les de fromage râpé. Mettez le tout au four et utilisez la fonction grill; une fois le fromage fondu, votre repas est prêt.

254 Balle de massage pour pieds

Les plantes des pieds sont très sensibles, recouvertes de points réflexes qui, lorsqu'on appuie dessus ou qu'on les masse, peuvent affecter le reste du corps. Vous pouvez faire l'acquisition d'une balle de massage des pieds, facilement utilisable chez vous, et qui aura un effet considérable sur votre stress.

La balle de massage de pieds s'utilise en la posant par terre et en faisant rouler votre pied dessus. Vous pouvez faire cela en travaillant à l'ordinateur, en regardant la télévision ou en lisant un livre. Ce massage reproduit la technique de pression et de relâchement utilisée par les professionnels du massage et les réflexologues, offrant ainsi à votre corps entier une séance de remise en forme.

Les détails qui font sourire

255

Injectez un peu de folie dans votre quotidien. Peut-être ne vous rendez-vous pas compte du caractère sérieux et ordinaire des choses qui vous entourent et qui peuvent affecter votre humeur. Essayez de laisser de petits signes et symboles dispersés dans votre maison pour vous rappeler de sourire. Vous pouvez habiller une chaise d'un foulard coloré, accrocher un nœud bizarre à votre poignée de porte, placer une poupée rigolote ou un jouet sur votre écran d'ordinateur. Regardez autour de vous! Lorsque vous apercevrez ces objets de temps à autre au cours de la journée, ils vous feront sourire.

256 Shiatsu pour débutants

Si tu peux résoudre ton problème, alors à quoi bon t'inquiéter ? Si tu ne peux pas le résoudre, alors à quoi bon t'inquiéter ?

Shantideva

Le shiatsu est une thérapie manuelle traditionnelle venue du Japon, qui corrige les déséquilibres du corps et préserve la santé. Pourquoi ne pas l'essayer si vous vous sentez stressé et nerveux? Asseyez-vous confortablement. Placez vos mains l'une sur l'autre par-dessus votre nombril. Concentrez-vous sur une respiration profonde et fredonnez une mélodie en vous focalisant sur un point situé deux doigts sous votre nombril. Après quelques minutes, penchez-vous en avant en appuyant votre ventre contre vos mains en même temps que vous expirez. À présent, inspirez lentement en redressant votre colonne vertébrale. Répétez 5 fois. Maintenant, joignez les mains de manière à les «emboîter» au niveau de l'espace entre les pouces et les index. Vous êtes en train de toucher un point de pression majeur appelé «la rencontre des montagnes». Appuyez votre pouce sur la base de votre index; maintenez la pression pendant 5 secondes, puis relâchez pendant 5 secondes. Cet exercice renforcera votre chi.

Perspective cosmique

257

Un certain psychiatre créatif avait dans son cabinet un abat-jour particulier qui projetait un ciel étoilé sur son plafond lorsqu'il éteignait la lumière. Lorsque ses patients lui parlaient de leurs problèmes, allongés sur son divan, il leur montrait ce ciel et leur demandait : « Quelle importance ceci aura-t-il dans une centaine d'années ? »

Essayez de vous rappeler ce qui vous chiffonnait il y a 6 mois : il est peu probable que vous parveniez à vous en souvenir. D'une manière ou d'une autre, vous avez survécu à la situation, et vous vous faites maintenant du souci pour autre chose. Changez votre humeur en mettant votre situation actuelle en perspective cosmique. Qu'est-ce qui gâche votre journée aujourd'hui ? Demandez-vous : « Quelle importance ceci aura-t-il dans 6 mois ? » et voyez comme votre moral remonte instantanément.

258 La fête du «moi»

Qu'y a-t-il de bon en vous? Êtes-vous une personne sympathique? Une bonne mère, un bon père, un bon mari, une fille attentionnée? À quand remonte la dernière fois que vous avez reconnu vos propres qualités?

La plupart des gens sont généralement prompts à complimenter les autres sur leurs réussites, mais peu enclins à le faire pour eux-mêmes. Célébrez donc votre ego aujourd'hui, ou pourquoi pas à la même heure chaque jour? Si vous avez besoin de voir vos pensées noir sur blanc, tenez un journal intitulé «moi, moi, moi», rempli de toutes ces qualités qui font de vous la personne que vous êtes.

Exercices pour les muscles du cou

259

Saviez-vous que votre tête pèse à peu près autant qu'une boule de bowling? Pas étonnant que votre cou vous fasse mal à force de la porter.

De temps à autre, au cours de la journée, exercez les muscles de votre cou en tournant la tête lentement de chaque côté. Faites-le 10 fois. Ensuite, penchez la tête en avant et en arrière pour étirer doucement les muscles de votre cou, 10 fois de suite. Pour finir, penchez lentement la tête en avant en direction de votre épaule droite. Faites-le 10 fois avant de changer d'épaule.

Ces exercices soulagent la tension du cou et des épaules, et permettent au chi («énergie» en médecine traditionnelle chinoise) de circuler plus librement entre la tête et le corps.

260 On ne change personne

Y a-t-il quelqu'un dans votre vie qui ait des habitudes que vous n'aimez pas? Peut-être aimeriez-vous changer cette personne, mais vous n'y parvenez guère, et c'est pour vous une source de stress.

Les gens sont comme les flocons de neige : chacun d'entre eux a un schéma différent et unique. Quelqu'un a-t-il déjà essayé de vous faire changer? Quel effet cela vous a-t-il fait?

Accepter que l'on ne puisse pas changer quelqu'un, et que cette personne fait de son mieux, vous permettra de gagner en calme et en sérénité.

La posture de la tête au genou

261

Pour un étirement apaisant, essayez cette posture de yoga. Asseyez-vous par terre, le dos droit, les bras sur les côtés et les jambes tendues devant vous. Tendez la jambe gauche vers l'extérieur. Fléchissez la jambe droite et placez le pied droit contre la face interne de votre cuisse gauche. Posez votre main gauche sur le dessus de votre cuisse gauche. Inspirez, amenez votre bras droit vers le côté droit et au-dessus de votre tête. Expirez et penchez-vous en avant en direction de la jambe tendue. Gardez le ventre aussi près que possible de cette jambe, et essayez d'amener votre oreille gauche vers votre genou gauche. Saisissez votre jambe, votre cheville ou votre pied gauche de votre main gauche, et amenez votre bras droit au-dessus de votre tête pour le placer parallèlement à votre corps en le faisant passer au-dessus de votre oreille droite. Tenez la posture. Inspirez et revenez à la verticale, les bras tendus sur les côtés. Expirez et abaissez les bras. répétez l'exercice de l'autre côté.

Il est temps de se détendre lorsqu'on n'en a pas le temps.

Attribué à Jim Goodwin et Sydney J. Harris

262 Un mélange qui a la banane

La sérotonine, hormone du bien-être, ne peut être produite par le corps sans le tryptophane, et c'est pourquoi il est impératif d'augmenter son apport en tryptophane pour améliorer l'humeur.

Pourquoi ne pas essayer ce délicieux mélange de graines de tournesol et de bananes, qui sont des sources naturelles de tryptophane ?

Coupez une pomme rouge et une pomme verte en petits morceaux, que vous ajouterez à une banane coupée en rondelles et à 1/2 tasse de graines de tournesol. Mélangez 1 cuillère à soupe de fromage blanc, 1/2 cuillère à soupe de miel et 1 cuillère à soupe de jus d'orange, et versez ce mélange sur les fruits. Servez le tout sur une feuille de laitue.

La posture des jambes au mur

263

Si vous avez besoin de vous détendre chez vous après une rude journée, vous trouverez cette posture de yoga très calmante et relaxante. Pratiquez-la de temps en temps.

Avant de vous mettre en position, préparez quelques couvertures ou serviettes roulées à avoir à proximité pour vous installer confortablement. Asseyez-vous près du mur, les genoux fléchis sur les côtés, l'épaule et la hanche touchant le mur. Pivotez afin d'amener vos fesses contre le mur en vous appuyant sur vos coudes et vos avant-bras. Étendez vos jambes verticalement contre le mur. Au bout de 10 minutes, ramenez vos genoux à votre poitrine, et pivotez doucement sur votre droite. Attendez quelques minutes avant de vous relever. Fermez les yeux et respirez profondément et sans effort pour vous détendre.

264 Écrivez une lettre ouverte

Écrire une lettre ouverte à quelqu'un peut être une expérience très cathartique. Vous pouvez en écrire une à qui vous voulez, que ce soit une personnalité politique ou votre mère, et vous n'avez pas besoin de l'envoyer si vous ne le souhaitez pas.

Peut-être vous sentez-vous en colère ou fâché contre cette personne ; lui écrire une lettre que vous n'enverrez pas est une façon positive d'exterioriser vos pensées et vos sentiments la concernant.

Trouvez-vous un endroit tranquille et mettez par écrit ce qui vous met en colère de la sorte. Couchez vos pensées et vos sentiments sur le papier vous soulagera et vous apaisera énormément.

Dormez !

265

Le sommeil est le plus grand remède qui soit pour le corps et l'esprit, grâce à son effet transformateur. On peut aller au lit tendu et les nerfs en pelote, et se réveiller le lendemain matin frais et dispos. Le sommeil recharge les batteries et tous les organismes du corps.

Le bien-être mental est aussi un des bienfaits du sommeil. Un sommeil régulier et de bonne qualité aide l'esprit à se détendre, à se recentrer et à supporter le stress. Lorsqu'on manque de repos, le corps et l'esprit ont plus de mal à faire face aux facteurs de stress et à s'ajuster aux situations difficiles. Le sommeil aide à maintenir les hormones du cerveau en équilibre et permet à l'esprit de «digérer» les moments stressants ou douloureux de votre journée.

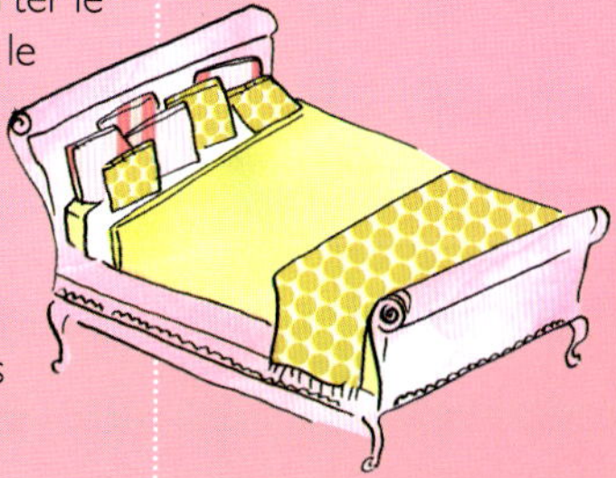

266 Affirmez votre calme

Laissez des affirmations écrites sur des Post-it à des endroits où vous pourrez les voir régulièrement. Ces petits mots peuvent être des affirmations actives comme «je suis calme» ou une citation vous inspirant la sérénité.

Mieux vaut utiliser des phrases courtes, faciles à retenir, et toujours positives. Par exemple, mieux vaut dire «je suis calme» que «je ne suis pas énervé». Lorsque vous voyez cette affirmation, il peut également être utile de la lire tout haut plutôt que dans votre tête.

Mudra du cœur

267

La plupart des choses qui nous mettent en colère et viennent briser notre sérénité arrivent parce que nous vivons trop dans notre tête et pas assez dans notre corps. Il existe un moyen simple de sortir de sa tête pour réintégrer son corps.

Asseyez-vous confortablement dans la posture facile (posture assise, jambes croisées), ou sur une chaise, les deux pieds bien à plat par terre. Appuyez vos paumes l'une contre l'autre et placez-les sur la zone de votre cœur en position de prière. Assurez-vous que vos pouces touchent la région de votre chakra du cœur. À présent, inspirez de l'air dans cette zone en baissant la tête, en fermant les yeux et en vous reliant au havre de paix en vous. Vous constaterez que plus vous resterez longtemps dans cette posture paisible, plus l'énergie sera dirigée hors de votre tête pour être rendue à votre corps et à votre cœur.

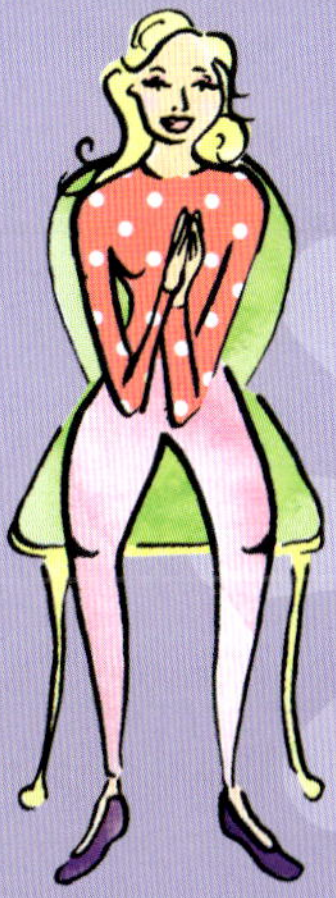

268 Faites une liste de remerciements

Calme instantané

DÉTENTE MUSICALE

Essayez d'écouter *Le Beau Danube bleu* pour revitaliser votre système nerveux et apaiser vos sentiments de stress.

Ken Keyes était un paraplégique qui rayonnait d'amour et d'acceptation. Il a écrit que « s'inquiéter de ce qu'on n'a pas, c'est gâcher ce qu'on a ».

Lorsque vous passez une mauvaise journée et que vous voulez vous donner un peu d'entrain, faites une liste de toutes les choses de votre vie pour lesquelles vous pouvez être reconnaissant. Commencez par constater tout simplement que vous avez un toit, de quoi manger, et continuez avec autant de choses que possible. Vous pouvez peut-être inclure dans votre liste le fait d'avoir un ami et un parc où vous asseoir ensemble. Pesez le positif et le négatif, et voyez la différence à mesure que vous recouvrez votre sérénité.

Jetez-vous à l'eau

269

Si vous souhaitez pratiquer une activité aquatique régulière, l'aquagym est un excellent choix. Vous pouvez vous inscrire à un cours ou essayer quelques mouvements par vous-même. Essayez cet exercice pour tonifier vos abdominaux et pour vous détendre globalement.

Tenez-vous debout, le dos au bord du bassin, et prenez appui sur vos coudes. Sans fléchir les genoux, simulez lentement une position assise en gardant votre dos et vos membres alignés. Tenez la position pendant 10 secondes en respirant normalement. Répétez ce cycle 4 fois.

Souris, respire et avance lentement.

Thich Nhat Hanh

270 Dans l'instant

Nous faisons tous des erreurs, sans quoi nous ne serions pas humains ! Cessez donc de vous en vouloir et de culpabiliser pour les erreurs que vous avez commises hier ou le mois dernier.

Gardez à l'esprit que personne n'est parfait et que vous faisiez de votre mieux. S'inquiéter du passé ou de l'avenir peut vous bloquer totalement. Au lieu de ruminer votre frustration et d'abandonner, pensez au présent et réfléchissez aux moyens de passer d'un état d'esprit agité et négatif à une manière de penser proactive, positive et calme.

Honorez-vous

271

Passez du temps à faire les choses que vous aimez vraiment. Si vous aimez aller au cinéma, écouter de la musique, prendre de longs bains relaxants, des cours de danse, ou quoi que ce soit d'autre, alors faites-le !

Ne laissez pas les sentiments négatifs vous retenir. C'est à vous de vous rendre heureux et calme, et de le rester. Vous vous le devez à vous-même et à ceux qui vous entourent. Il peut être difficile de trouver le temps de faire quelque chose pour soi tous les jours, mais les petites choses comptent aussi. Répétez une affirmation, cueillez une fleur ou lisez un chapitre d'un livre qui vous plaît. Nul besoin d'en faire des tonnes ; juste quelque chose d'agréable que vous aimez faire.

Calme instantané

RIEZ UN BON COUP

Riez pour inviter le jeu et la joie dans votre vie. les enfants rient 300 fois par jour. Et vous ?

272 Infusion de mélisse

Calme instantané

En veille

Si vous travaillez sur ordinateur et que vous avez besoin de prendre une pause, fermez les yeux et couvrez-les de vos paumes de mains.

La mélisse appartient à la famille de la menthe, et c'est une herbe excellente pour calmer les nerfs et remonter le moral.

Pour faire une infusion, versez une tasse d'eau bouillante sur 2 ou 3 cuillerées de mélisse séchée, ou de 4 à 6 feuilles fraîches, et laissez infuser pendant 10 minutes. Buvez une tasse de cette tisane matin et soir, ou chaque fois que vous en ressentez le besoin. Ne consommez pas de mélisse si vous avez une thyroïde hyperactive.

Concentration sur une bougie

273

Lorsque vous avez besoin de vous calmer, la technique appelée «concentration sur une bougie» peut avoir un effet incroyable. Essayez-la donc!

Asseyez-vous confortablement, une bougie posée sur une table proche à hauteur de vos yeux. Assurez-vous qu'il n'y ait pas de courant d'air dans la pièce afin d'éviter le vacillement de la flamme. Passez quelques instants à vous concentrer sur votre posture et sur votre respiration. Décrispez votre regard et fixez la bougie. Concentrez-vous sur le contour puis sur le centre de la flamme. Après quelques minutes, ou lorsque vos yeux fatiguent, fermez-les. Vous devriez alors «voir» l'image de la flamme les yeux fermés. Restez concentré sur cette image et, lorsqu'elle commence à s'estomper, ouvrez les yeux et recommencez à fixer la flamme. Continuez ainsi jusqu'à ce que vous puissiez conserver l'image dans votre tête sans regarder la bougie.

check-list 9 — Quels progrès ?

Que vous ayez essayé plusieurs idées ou une seule ce mois-ci, il est bon de méditer sur ce que vous avez choisi d'expérimenter et pourquoi, et de voir si cela vous a réussi.

1. Combien d'activités avez-vous essayées ce mois-ci ?

- 1–3 activités ☐
- 4–10 activités ☐
- 11–20 activités ☐
- 21–31 activités ☐

2. Combien de ces activités avez-vous renouvelées plusieurs fois au cours du mois ?

- 1–3 activités ☐
- 4–10 activités ☐
- 11–20 activités ☐
- 21–31 activités ☐

3. Quelles activités ont eu un effet positif sur votre humeur ce mois-ci ?

Utilisez la page ci-contre pour consigner ce qui vous a réussi et ce qui ne vous a pas réussi.

Notes, remarques et pensées

274 Habitez votre corps

Lorsqu'on ne sent pas bien ancré, l'énergie s'éparpille et on est tendu. Il n'y a pas assez de circulation ni de communication entre l'esprit et le corps. Par exemple, vous êtes présent physiquement, en train de lire ce livre, mais votre esprit peut déjà être en train de penser à ce que vous aurez à faire demain, et vous n'êtes donc pas pleinement conscient de ce qui vous entoure ici et maintenant.

Pour vous enraciner et être plus attentif au présent, essayez de prendre conscience de votre souffle. Vous pouvez aussi aller vous promener dans la nature, ce qui aura le même effet calmant. Veillez aussi à bien vous hydrater en mangeant et en buvant régulièrement, ce qui réduit la tension corporelle et permet de se recentrer.

Ralentissez

Il est fascinant de voir à quel point nous remplissons notre crâne et notre vie occupations machinales. Aujourd'hui, soyez attentif à votre niveau d'activité. Si vous avez pour habitude d'être tout le temps « occupé », réfléchissez à des moyens d'être moins frénétique. Bien sûr, toute activité quotidienne n'est pas machinale ni dénuée de sens, mais, en y regardant de plus près, vous pourriez bien constater qu'une grande partie l'est en réalité.

Pensez aux choses dont vous remplissez votre journée. Quelle proportion de ce que vous faites et vraiment nécessaire ? Qu'est-ce qui nourrit votre esprit ? Faire plus de place dans vos journées vous permettra de ralentir votre rythme.

Calme instantané

DU TEMPS POUR VOUS

Créez 2 minutes de temps pour vous à chaque heure de la journée, afin d'être à l'écoute des besoins de votre corps.

276 Tout va bien

Si vous vous sentez accablé par les tâches que vous avez à accomplir et par la vie en général, prenez le temps de vous arrêter et de vous asseoir.

Fermez les yeux et prenez votre tête dans vos mains. Prenez quelques inspirations profondes et dites-vous lentement : « Détends-toi. Tout va bien. » Vous pouvez accompagner cette affirmation par un passage en revue des tâches que vous devez effectuer dans l'immédiat et de celles que vous pensez avoir à faire, mais qui peuvent attendre.

Affirmez vos limitations,
et vous verrez qu'elles
seront vôtres.

Richard Bach

Faites un gâteau

277

Faire un gâteau et le manger peut être une activité très apaisante, alors pourquoi ne pas prendre le temps de vous y mettre aujourd'hui ? Essayez cette recette ultrasimple et vraiment délicieuse. Préchauffez le four à 180 °C. Beurrez un moule à gâteau de 18 cm de diamètre et découpez un rond de papier sulfurisé de même diamètre que le fond du moule. Mélangez 165 g de beurre, 175 g de sucre en poudre, 175 g de farine avec levure incorporée, 3 gros œufs, 1 cuillère à café de bicarbonate de soude, 1 cuillère à café d'extrait de vanille et 1 pincée de sel, et remuez jusqu'à obtenir une pâte lisse. Versez le mélange dans le moule et faites cuire 45 minutes. Lorsque le gâteau semble assez levé et doré sur le dessus, retirez du four, laissez-le reposer dans le moule pendant 5 minutes, puis démoulez. Une fois refroidi, coupez le gâteau en deux horizontalement, étalez-y de la crème et des fraises fraîches.

278 Recherchez activement le calme

Recherchez activement le calme au quotidien, par vos actions et vos pensées. Ayez conscience des moments où votre tranquillité est menacée, et utilisez toute technique de cet ouvrage qui soit faisable et qui vous convienne à un instant donné. Remarquez vos moments de calme et savourez-les. Si vous êtes certain de pouvoir atteindre la sérénité, l'énergie positive vous poussera vers l'avant.

La poursuite, même des meilleures choses, doit être calme et tranquille.
Cicéron

Le son du silence

279

Le silence est une force apaisante qui peut vous aider à vous calmer lorsque votre vie bascule dans la tourmente. Trouvez un endroit où vous asseoir dans le silence : ce peut être n'importe quel endroit qui vous inspire la tranquillité, comme le fond de votre jardin, un petit coin de nature ou pourquoi pas votre cuisine.

Prenez en compte tout ce qui vous entoure en utilisant vraiment tous vos sens pour absorber votre environnement. Remarquez toutes les petites choses comme les couleurs, la lumière, les odeurs et les textures. Chérissez cet endroit, absorbez-le, immergez-vous dans le silence et gardez cette sensation en vous aussi longtemps que possible.

280 Infusion de tilleul

Soyez comme un canard : calme à la surface, mais battant toujours des pattes comme un fou en dessous.

Michael Caine

Les tisanes peuvent être délicieuses ; essayez donc une infusion de fleurs de tilleul, et vous en constaterez probablement les effets calmants sur votre système nerveux.

Versez 1 tasse d'eau bouillante sur 1 cuillerée de fleurs de tilleul, et laissez infuser pendant 10 minutes. Buvez-en une tasse 3 fois par jour, dans un moment de détente. Si vous aimez votre tisane quelque peu sucrée, ajoutez-y 1 cuillerée de miel.

Détendez vos mains

281

La tension s'accumule dans les mains de façon incroyable. Essayez donc de l'évacuer avec l'exercice qui suit.

Serrez vos mains très fort l'une contre l'autre, puis relâchez. Massez chaque doigt avec les doigts de l'autre main, en alternant pression et relâchement. Prenez conscience de la sensation que vous procure la tension, puis blottissez votre main gauche dans la droite, vos pouces en léger contact l'un avec l'autre. Gardez vos mains dans cette position, détendez-vous, respirez profondément et sans effort.

Calme instantané

SOYEZ SPONTANÉ

Essayez ce qui suit :

- Mangez de la glace au petit-déjeuner.
- Prenez dans vos bras la première personne que vous verrez.
- Allez à votre voiture en sautillant.

282 La respiration ujjayi

Calme instantané

PAUSE

Ralentissez et savourez la pause après chacune de vos 3 prochaines expirations.

Essayez cet exercice de respiration yogique pour calmer votre esprit et votre corps.

Asseyez-vous dans une position confortable en gardant le haut du corps droit. Inspirez lentement en gardant la bouche partiellement fermée et en contractant l'arrière de votre gorge pour ralentir votre respiration. Retenez votre souffle pendant quelques secondes. Expirez, en contractant encore une fois l'arrière de votre gorge pour ralentir votre respiration. Ce type de respiration produira une sorte de sifflement rauque, comme celui de la vapeur que l'on évacue d'un radiateur lorsqu'on le purge. Répétez l'exercice 5 fois. Une fois que vous aurez une bonne pratique de cette technique de respiration, essayez de faire en sorte que vos expirations soient plus longues que vos inspirations.

Essayez Coffea Cruda

283

Aussi sûr que le café met les nerfs en pelote, le remède homéopathique Coffea cruda détend et calme les nerfs hypersensibles, les maux de tête aigus et les insomnies dues à un esprit hyperactif, à la consommation de café ou à la surexcitation. Prenez Coffea cruda en 30 CH sous la langue lorsque vous vous sentez à cran ou pour calmer votre trac.

Améliorez votre posture

284

Des épaules avachies et un cou tombant empêchent de respirer correctement et entraînent tension et apathie. Redressez-vous, tirez vos épaules et votre cou vers l'arrière, desserrez les dents, regardez devant vous, prenez une grande inspiration et appréciez la sensation de vous affirmer fièrement.

285 Remède d'urgence

Calme instantané

TROP-PLEIN DE PENSÉES

Lorsque vous sentez que trop de pensées se bousculent dans votre tête, relâchez la pression avec quelques respirations profondes et un étirement.

L'élixir de secours est une association unique de 5 fleurs de Bach traitant les déséquilibres émotionnels générés par les situations quotidiennes stressantes. Ce remède est réputé pour rétablir le calme intérieur et la maîtrise de soi. Cette petite bouteille jaune est le seul mélange formulé par le docteur Edward Bach il y a plus de 70 ans, et c'est un remède essentiel, à toujours avoir dans son sac à main ou dans un tiroir. On peut le boire directement à la bouteille ou le mélanger dans une boisson à siroter.

En bonne compagnie

Si vous avez la chance de pouvoir choisir vos amis, réfléchissez attentivement aux éléments suivants :

- Pourquoi ne pas choisir des gens pour qui vous avez de l'estime et qui vous apportent leur soutien?
- Cessez de refuser les compliments des personnes qui pensent que vous êtes formidable.
- Combien de temps passez-vous en compagnie de gens avec qui vous vous sentez bien?
- Trouvez le moyen de prendre le temps de voir les personnes qui comptent dans votre vie. Ne tombez pas dans le piège consistant à continuellement repousser le moment de les voir parce que vous êtes trop «occupé». Restez en contact avec elles et faites-leur savoir que vous pensez à elles lorsque les choses sont difficiles et que le temps vous manque.
- Faites des gens que vous aimez et de ceux qui vous aiment une priorité chaque jour de votre vie!

287 Du temps pour griffonner

Les gribouillages et les griffonnages sont une distraction pour l'hémisphère gauche du cerveau, siège de la logique et du contrôle, et l'empêchent de se concentrer sur ce qui nous stresse, ce qui a un effet calmant immédiat. La prochaine fois que vous vous sentez stressé, sortez vos crayons de couleur et dessinez une forme de grande taille de votre choix, sans lever le crayon. Passez ensuite quelques minutes à remplir cette forme d'étoiles, de cœurs, de zigzags, de fleurs, de cercles, et de tout ce que vous voulez. Respirez profondément et vous commencerez à vous sentir beaucoup plus détendu.

Action décisive

Agissez dès que possible dans les situations difficiles. Ne remettez pas tout à plus tard en espérant que le problème disparaisse ou en croyant vous en occuper le lendemain. Agissez tout de suite de manière décisive. En développant une conscience proactive de ce qui vous arrive à l'instant même et de la manière dont vous réagissez, il vous sera plus facile d'agir à temps. Cela vous aidera non seulement à résoudre le problème, mais aussi à réduire votre stress, car ce problème ne vous pendra plus au nez.

Une vie de paix intérieure,
harmonieuse et sans stress,
est le type d'existence
le plus facile.

Norman Vincent Peale

289 Sachet de lavande et de blé

La tension, c'est qui nous pensons devoir être. La détente, c'est qui nous sommes.

Proverbe chinois

Un mal de tête dû à la tension cause une douleur et une pression constantes sur les zones du front, des tempes ou de l'arrière de la tête et du cou. Essayez d'utiliser un sachet de lavande et de blé passé au micro-ondes; la chaleur appliquée autour du cou réduira les spasmes musculaires et détendra les muscles du cou contractés. Pour apaiser un mal de tête ordinaire, placez votre sachet de lavande et de blé au réfrigérateur avant de l'appliquer sur votre cou.

Activité méditative

290

Certaines méditations peuvent être actives : on se plonge dans une activité répétitive qui apaise l'esprit et permet au cerveau de changer d'humeur. Vous n'y avez peut-être jamais pensé, mais les activités ordinaires telles que jardiner, manger, faire le ménage ou les loisirs manuels peuvent être des formes de méditation efficaces.

Avant de commencer, prenez quelques respirations profondes, détendez votre corps et concentrez-vous sur votre conscience de ce qui se passe. Consacrez-vous entièrement à ce que vous êtes en train d'accomplir ; laissez-vous absorber parce que vous faites et poursuivez votre activité lentement et avec détermination.

291 Technique de pleine conscience

Calme instantané

Abrégez votre liste

Simplifiez la cadence de votre journée en réduisant le nombre de choses que vous avez à faire. Assurez-vous surtout de figurer sur votre liste; ne vous oubliez pas!

L'attention concentrée peut être une forme de méditation qui, comme une activité méditative, ne donne pas du tout l'impression de méditer. Il s'agit simplement de rester dans l'instant présent au lieu de penser à l'avenir ou au passé.

Restez dans l'instant présent en :

- Vous concentrant sur toutes les sensations de votre corps.
- Vous concentrant sur les endroits de votre corps où vous ressentez les émotions.

Évitez de respirer trop vite

292

Le stress peut provoquer l'hyperventilation, respiration plus rapide et/ou plus profonde que nécessaire. Le corps absorbe trop d'oxygène et a besoin d'une quantité égale de dioxyde de carbone; on ne lui laisse pas le temps de retenir le dioxyde de carbone, suite à quoi il ne peut pas utiliser l'oxygène disponible. Cela entraîne une sensation de manque d'air, alors qu'en réalité on en a trop.

Si vous vous rendez compte que vous êtes en hyperventilation, respirez lentement et en rythme avec votre ventre. Essayez aussi de faire décroître l'intensité de chaque respiration. Si vous sentez que vous n'arrivez pas à maîtriser votre souffle, respirez avec les mains en coupe sur la bouche et le nez.

293 Intolérances alimentaires

L'anxiété peut être due à des intolérances alimentaires, qui valent donc la peine d'être identifiées. Vous pourriez constater une baisse de vos symptômes d'anxiété en supprimant certains aliments. Une intolérance n'est pas la même chose qu'une allergie, et c'est pourquoi on ne peut la détecter lors d'un test allergique.

Si vous pensez que votre anxiété est liée à une intolérance alimentaire, consultez un nutritionniste, qui vous aidera à établir un journal alimentaire. Par élimination, vous découvrirez quels aliments provoquent chez vous une augmentation de l'anxiété.

Infusion d'astragale

294

L'infusion d'astragale est particulièrement connue pour son goût délicieux, ses vertus purifiantes et ses effets légèrement calmants, qui la rendent semblable à de nombreux compléments alimentaires aux plantes conçus pour combattre la fatigue et le stress chroniques.

Vous pouvez faire une infusion d'astragale en faisant bouillir jusqu'à 120 g de racine d'astragale fraîche et entière dans 1 litre d'eau. La dose recommandée est de 2 à 4 tasses par jour.

Calme instantané

UNE CHOSE À LA FOIS !

Ayez pitié de votre système digestif et tirez le meilleur des aliments : ne mangez jamais debout, en marchant ou en faisant quoi que ce soit d'autre en même temps.

295 Respiration au carré

La respiration au carré permet de ralentir son rythme de respiration. Asseyez-vous en silence et prenez quelques respirations stabilisantes, puis inspirez en comptant dans votre tête 1 – 2 – 3 – 4. Retenez votre souffle en comptant 1 – 2 – 3 – 4. Expirez en comptant à nouveau 1 – 2 – 3 – 4. Retenez votre souffle en comptant 1 – 2 – 3 – 4. Répétez ce cycle 6 fois. Revenez à un cycle de respiration normal, puis reposez-vous sans bouger pendant 10 minutes.

Si tu veux la paix intérieure, trouve-la dans la solitude, non dans la vitesse, et si tu souhaites te trouver, regarde la terre d'où tu viens et celle où tu vas.

Ewart L. Udall

Stabilisez votre glycémie

296

Avez-vous déjà souffert d'hypoglycémie? Si oui, c'est peut-être la raison de votre agitation. Tout ce qu'on mange et tout ce qu'on boit est absorbé dans le corps et stocké dans le foie sous forme de glucose servant de réserve d'énergie. Cependant, à cause du stress, des hormones ou de mauvaises habitudes alimentaires, le glucose n'est pas toujours libéré dans le sang come il le devrait. Pour équilibrer votre taux de glycémie, prenez un petit-déjeuner, un déjeuner et un dîner, auquel vous ajouterez un encas de milieu de matinée et de milieu d'après-midi si nécessaire. Assurez-vous d'avoir une petite quantité de protéines à chaque repas, ainsi que des glucides.

Hier est de l'histoire ancienne, demain est un mystère et aujourd'hui est un cadeau ; c'est pourquoi on l'appelle le présent.

Eleanor Roosevelt

297 La méditation gassho

La forme de méditation appelée «gassho» signifie «deux mains qui se joignent». L'idée est de rester concentré sur sa respiration et sur ses majeurs afin de rester calme et centré sur le présent.

Asseyez-vous en silence et fermez les yeux; joignez les mains en position de prière, les bouts des doigts dirigés vers le haut et les pouces touchant le milieu de la poitrine. Concentrez votre attention sur le point de contact de vos majeurs. Prenez une grande inspiration et levez la langue jusqu'au palais. En expirant, laissez retomber votre langue.

Le temps de la réflexion

298

Il est si facile de commettre l'erreur de réagir exagérément. Lorsque vous avez l'impression que le monde entier vous en veut et que vous avez envie de vous défendre immédiatement, attendez un peu! La situation en question nécessite sans doute une réponse, mais ne le faites pas immédiatement. Lorsque vous serez prêt à réagir, prenez votre temps : de cette manière, vous affronterez une situation difficile dans un état d'esprit bien plus calme, et vous arriverez à une résolution du problème plus rapidement si vous prenez la peine d'évaluer pleinement la situation. Mettez tous vos arguments en ordre et soyez prêt lorsque vous vous déciderez à répondre ou à réagir.

Calme instantané

CONDUITE PRUDENTE

Avant de vous précipiter à votre voiture, restez assis calmement pendant 60 secondes, et prenez des respirations profondes et stabilisantes pour vous apaiser.

299 Training autogène de Schultz

Le training autogène de Schultz nécessite généralement quelques semaines d'apprentissage, mais peut s'avérer extrêmement efficace lorsqu'on essaie de réduire son niveau de stress. Essayez cette version simplifiée.

Allongez-vous ou asseyez-vous dans un lieu confortable. Prenez quelques respirations profondes et fermez les yeux. Répétez-vous les affirmations suivantes 6 fois en respirant profondément et calmement :

- Mon bras droit est lourd et chaud; mon bras gauche est lourd et chaud.
- Ma jambe droite est lourde; ma jambe gauche est lourde.
- Mon pouls est calme et régulier; mon souffle est profond et lent.
- Mon ventre est chaud et doux.
- Mon front est frais.

La réglisse chinoise

300

La racine de réglisse, aussi importante que le ginseng en herboristerie chinoise, possède des vertus très énergisantes et calmantes. Elle est utilisée dans toute l'Asie en raison de sa capacité à accumuler et à retenir l'énergie, et à réguler le taux de glycémie dans le corps.

Mimulus rassurant

301

Le remède de fleurs de Bach appelé Mimulus aide à combattre les peurs concrètes comme celle des chiens, des araignées ou de la solitude. Quelques gouttes dans de l'eau à siroter au long de la journée vous aideront à vous calmer. Essayez aussi de parler de vos peurs ou de les mettre par écrit, afin de tenter de leur trouver des solutions pratiques et dde les gérer.

302 La respiration du tai-chi

Calme instantané

De vraies pauses

Afin de tirer le maximum de bienfaits de votre boisson chaude à l'heure de la pause, buvez-la ailleurs qu'à votre bureau, devant la télé ou au téléphone.

Cet exercice de respiration est à la fois calmant et équilibrant.

Tenez-vous debout, bien droit, les pieds écartés de la largeur du bassin. Votre tête, vos hanches et vos chevilles doivent être alignées, comme si une ficelle accrochée au sommet de votre crâne vous tirait vers le haut.

En inspirant, levez les deux bras comme s'ils flottaient vers le haut, jusqu'à hauteur des épaules. En même temps, fléchissez légèrement les genoux. En expirant, baissez les bras et ramenez-les à leur position initiale, et tendez à nouveau les jambes. Répétez le tout 4 fois.

Mélange pour équilibre émotionnel

303

Essayez ce mélange d'huiles essentielles calmants dans votre brûle-parfum d'aromathérapie lorsque vous ressentez le besoin d'équilibrer vos émotions. Utilisez 12 gouttes de géranium, 12 gouttes de lavande, 6 gouttes de pamplemousse, 3 gouttes de bergamote et 3 gouttes de fenouil.

Allongez-vous par terre avec un oreiller sous la tête, et les jambes surélevées à angle droit reposant sur une chaise. Inspirez profondément par le nez en comptant jusqu'à 5, puis expirez tout l'air de vos poumons par la bouche en comptant jusqu'à 6. Répétez ce cycle de respiration 10 fois.

Calme instantané

SILENCE

Laissez vos oreilles profiter du silence paisible : éliminez tous les bruits artificiels comme celui du téléphone, de la télévision et de la radio.

check-list 10 Quels progrès ?

Que vous ayez essayé plusieurs idées ou une seule ce mois-ci, il est bon de méditer sur ce que vous avez choisi d'essayer et pourquoi, et de voir si cela vous a réussi.

1. Combien d'activités avez-vous essayées ce mois-ci ?

- 1–3 activités ☐
- 4–10 activités ☐
- 11–20 activités ☐
- 21–31 activités ☐

2. Combien de ces activités avez-vous renouvelées plusieurs fois au cours du mois ?

- 1–3 activités ☐
- 4–10 activités ☐
- 11–20 activités ☐
- 21–31 activités ☐

3. Quelles activités ont eu un effet positif sur votre humeur ce mois-ci ?

Utilisez la page ci-contre pour consigner ce qui vous a réussi et ce qui ne vous a pas réussi.

Notes, remarques et pensées

304 Équilibrez vos sautes d'humeurs

Plus l'homme médite sur de bonnes pensées, meilleur sera son monde et le monde dans son ensemble.

Confucius

Si vous êtes sujet à des sautes d'humeur inopportunes, l'essence du bush australien appelée Peach-Flowered Tea-Tree peut vous aider à vous rééquilibrer. Vous pouvez aussi utiliser cette essence si vous avez tendance à vous enthousiasmer puis à vous décourager soudainement et sans raison apparente.

Êtes-vous de ceux qui ne poursuivent pas leurs objectifs jusqu'au bout? Si c'est le cas, cette essence vous aidera à développer la stabilité et le sens de l'engagement.

Pain pita à la dinde

305

Vous êtes-vous déjà demandé si votre taux de tryptophane était bas? Cela pourrait bien être la raison de votre tension et de votre stress. La sérotonine, hormone du bien-être, ne peut être produite par le corps sans le tryptophane. La dinde est une source naturelle de tryptophane, alors pourquoi ne pas essayer un délicieux encas au pita et à la dinde? Tout d'abord, faites chauffer de l'huile d'olive dans une poêle et faites-y frire 100 g de dinde pendant 5 minutes, jusqu'à ce qu'elle soit bien cuite. Ajoutez-y 1/2 oignon rouge haché que vous aurez fait revenir jusqu'à ce qu'il soit tendre. Dans un petit saladier, mélangez un peu de fromage blanc avec du thym, du poivre noir et du persil. Coupez un pain pita en 2, et remplissez une moitié des petits morceaux de dinde, du fromage frais et de l'oignon frit, mélangés à des tomates en grappe coupées en petits morceaux, du concombre et de la laitue chinoise.

Qui vit en harmonie avec lui-même vit en harmonie avec l'univers.

Marc-Aurèle

306

Bain d'ylang-ylang

Le grand arbre tropical appelé ylang-ylang a de larges fleurs tendres et odorantes de couleur rose, mauve ou jaune. Ce nom signifie «fleurs des fleurs», et son huile essentielle a un effet euphorique et sédatif sur le système nerveux.

Vous pouvez l'utiliser comme huile de bain (mélangée à de l'amande douce ou du jojoba) pour apaiser l'anxiété, la tension nerveuse et le stress. Allongez-vous dans l'eau chaude et odorante, et savourez ses effets calmants.

Méditation en mouvement

307

La méditation en mouvement associe la respiration et les mouvements doux pour créer un état calme et méditatif. C'est un excellent exercice si vous avez besoin de vous calmer.

Prenez plusieurs respirations profondes. Mettez-vous ensuite en position accroupie détendue, les genoux légèrement fléchis et les hanches et le bassin mobiles. Recentrez-vous en visualisant vos pieds reliés au sol. Visualisez le centre de la terre duquel vous puisez de l'énergie. Bougez doucement votre corps en un mouvement ondulant et chaloupé, tel un serpent. Voyez-vous comme une fleur s'ouvrant ou comme un animal se déplaçant dans la brousse. Dansez, si vous en avez envie; utilisez des sons ou de la musique pour concentrer votre attention sur le mouvement et la vibration. Sentez les zones de votre corps qui sont tendues, et laissez le mouvement les décontracter.

Calme instantané

CINQ MINUTES

Passez seulement 5 minutes supplémentaires à vous faire plaisir sur le plan vestimentaire et capillaire en portant un bijou ou en vous maquillant aujourd'hui.

308 Tisane au reishi

Calme instantané

AVANT LE LEVER

Restez allongé dans votre lit pendant 5 minutes avant de vous lever et de commencer votre journée. Dites bonjour à votre corps, reliez-vous à ses sensations et demandez-lui ce dont il a besoin.

Le reishi est un champignon médicinal unique capable de calmer et de soutenir la fonction nerveuse lorsqu'on se sent anxieux ou stressé.

Pour vous préparer une tisane au reishi, coupez le champignon en tranches et faites bouillir pendant 2 à 3 heures. Passez l'eau et ajoutez-y un peu de miel ou de jus de fruit pour sucrer la boisson, que vous pourrez consommer chaude ou froide. Vous pouvez conserver votre tisane au réfrigérateur jusqu'à 3 jours. N'utilisez pas d'aluminium ni de fonte pour préparer ou servir votre tisane au reishi.

Écriture descriptive

309

En restant immobile et en prenant conscience de ce qui se passe autour de soi, on se rend compte de la quantité de choses à côté desquelles on passe dans la cohue des trajets quotidiens.
Prenez votre journal et allez vous asseoir à un endroit d'où vous pouvez observer les gens et écrire; peut-être votre café préféré. Remplissez une page ou deux de descriptions de ce qui vous entoure. Que voyez-vous, qu'entendez-vous, que sentez-vous, que ressentez-vous? Regardez une personne ou un objet plus en détail et faites-en une description précise. Continuez à écrire et voyez comme le calme vous envahit à mesure que vous entrez dans le moment présent.

310 Méditation sur le nombril

Cette méditation taoïste est un bon moyen de développer votre calme intérieur.

Asseyez-vous d'abord confortablement. Appuyez votre langue sur votre palais, et abaissez les paupières jusqu'à ce que vos yeux soient presque fermés. Concentrez-vous sur le léger flux d'air entrant et sortant de vos narines. En inspirant, concentrez-vous sur votre nombril qui s'élève et sur votre ventre tout entier qui gonfle comme un ballon. En expirant par le nez, poursuivez l'expiration aussi longtemps que possible en puisant l'air dans votre ventre et en produisant une expiration longue et homogène. Vous pouvez concentrer votre attention sur vos narines ou votre ventre, ou les deux, ou encore sur les narines puis le ventre tour à tour, selon vos préférences.

Graines de tournesol grillées

311

La sérotonine, hormone du bien-être, ne peut pas être produite par le corps sans le tryptophane, dont les graines de tournesol sont une source naturelle. Essayez cet encas croustillant lorsque vous avez besoin d'un coup de fouet au moral.

Mettez de l'eau et 75 g de sel de mer dans une casserole. Rincez 150 g de graines de tournesol et ajoutez-les à l'eau salée. Amenez à ébullition, puis laissez mijoter à feu doux pendant 1 heure. Égouttez ensuite les graines dans une passoire et laissez-les sécher sur du papier essuie-tout. Préchauffez le four à 160°C, répartissez les graines sur une plaque de cuisson et faites-les cuire pendant 30 minutes en les retournant fréquemment. Retirez du four lorsque les graines sont légèrement brunies et dégagent une odeur agréable.

312 Un bain de sauge sclarée

Calme instantané

Repos du dos

Allongez-vous 5 minutes par terre, les yeux fermés. Concentrez-vous sur votre souffle et sentez vos muscles se détendre avec chaque expiration.

La sauge sclarée est originaire d'Europe méridionale, et présente de petites fleurs bleues et blanches poussant à même une tige longue et fine. On l'appelait au Moyen Âge *Oculus Christi*, signifiant « Œil du Christ », et c'était un remède très réputé.

Si vous vous sentez en colère, la sauge sclarée calmera votre système nerveux, surtout si vous souffrez de stress ou d'insomnie. Diluez-la dans votre bain pour soulager les douleurs prémenstruelles.

Il est recommandé de ne pas prendre de sauge sclarée pendant la grossesse.

Créez une «liste de calme» 313

Lorsque vous vous sentez bien et de bonne disposition, entreprenez de rédiger une «liste de calme». Répertoriez toutes les choses qui vous font vous sentir calme, comme aller vous promener, voir les choses sous un autre angle ou boire une infusion de valériane, et placez cette liste en évidence. La prochaine fois que vous vous sentirez stressé, relisez votre liste pour vous rappeler toutes ces choses qui peuvent vous aider.

Je m'occupe de moi-même parce que j'ai appris très tôt que j'étais responsable de moi-même.

Halle Berry

Brûlez de l'encens 314

Les parfums peuvent avoir un effet profond sur l'état d'esprit. Pour réduire l'anxiété, le stress ou la peur, brûlez de l'encens en écoutant de la musique douce à la lumière d'une bougie. Utilisez de la vanille et du bois de santal pour vous apaiser, de la citronnelle pour calmer la tension et clarifier l'esprit, et du jasmin au parfum chaud et exotique pour vous libérer de l'anxiété.

315 Méditation so-hum

Ne faites jamais rien en hâte ; faites toutes choses tranquillement et avec un esprit calme. Ne perdez pas votre paix intérieure pour quoi que ce soit, même si votre monde tout entier semble bouleversé.

Saint François de Sales

Dans la méditation avec mantra, on choisit un mantra qui nous convient, et on se le répète mentalement ou tout haut continuellement. Cette technique aide à développer la concentration mentale et la capacité à être calme.

Un des meilleurs mantras qui soient pour la méditation est le mantra So-Hum. Dans cette version, on inspire en pensant le son « soooo », et on expire en pensant le son « hummm ». « so hum » signifie « je suis Cela », qui sous-entend qu'on ne fait qu'un avec le divin. Ce mantra est excellent pour ouvrir le centre du cœur et y faire affluer un amour inconditionnel.

Bleu calmant

316

Le bleu est la couleur du calme, et il est parfait à utiliser chez soi. Il est même si apaisant que c'est la couleur idéale pour un pyjama ou une chemise de nuit.

Pourquoi ne pas mettre du bleu dans votre vie lorsque vous voulez vous calmer ou vous détendre ? Utilisez-le dans une méditation ou une visualisation : vous pouvez vous imaginer sous une cascade bleue étincelante et magnifique, qui vous purifie et vous rafraîchit. Vous pouvez aussi vous imaginer dormir dans un œuf de lumière bleue transparente, visualisation qui vous procurera une sensation de renouvellement et de protection.

317 Infusion d'avoine

Calme instantané

ANCRAGE NATUREL

Ancrez-vous en communiant avec la nature. Étreignez un arbre, asseyez-vous dans l'herbe et laissez vos pieds nus toucher la terre.

Les infusions aux plantes sont de puissantes préparations qui permettent d'extraire les vertus médicinales des plantes séchés. L'avoine tonifie les nerfs et adoucit l'humeur.

Pour préparer une infusion d'avoine, prenez 30 g d'avoine séchée que vous placerez dans un pot d'1 litre de contenance. Remplissez ce pot d'eau bouillante, refermez le couvercle hermétiquement et laisser tremper pendant 4 à 10 heures. Après avoir passé le liquide, buvez-en 1 tasse ou deux et réfrigérez le reste pour ralentir l'altération de votre boisson.

Tranquillisant-minute

318

Chaque fois que vous vous sentez tendu, essayez cet exercice. Inspirez lentement par le nez et expirez par la bouche en serrant les lèvres, en laissant votre ventre se détendre et se gonfler sur l'inspiration, puis dégonfler et retrouver son aspect normal sur l'expiration. Dites-vous mentalement « prendre le contrôle » en inspirant, puis expirez en vous disant « je peux faire tout ce que je veux faire ». Répétez cela lentement pendant 6 à 8 respirations, avec une expiration légèrement plus longue que l'inspiration. Dites-vous en inspirant : « j'inspire la paix », et en expirant : « j'expire la tension ». Chaque fois que vous expirez, assurez-vous de détendre votre visage, votre mâchoire, vos épaules et vos mains.

319 Le mudra du calme

Lorsqu'on trouve la paix en soi-même, on devient le genre de personne qui vit en paix avec les autres.

Pèlerin de la paix

Les mudras sont des positions des mains qui peuvent être utilisées pour immobiliser et calmer l'esprit. Mudra est un mot sanskrit signifiant « sceau » ou « signe », utilisé par les yogis en Inde pour décrire les gestes rituels qu'ils pratiquent lors de la méditation profonde.

Essayez ce mudra pour évacuer la tension. Recourbez vos index à la base de chaque pouce. À présent, amenez le bout de vos majeurs et de vos annulaires sur le bout de vos pouces, afin que les extrémités de ces trois doigts soient toutes en contact sur chaque main. Vos auriculaires sont tendus et droits. Amenez vos coudes près de vos hanches. Fermez les yeux et concentrez-vous sur une respiration douce.

Utilisez un vaporisateur d'eau

320

Mettez quelques gouttes, ou plus, d'huile essentielle de lavande, de sauge sclarée ou de bois de santal dans un vaporisateur et ajoutez de l'eau. Vous pouvez vous vaporiser le visage (yeux fermés) car ces huiles ne sont pas toxiques, en particulier lorsqu'elles sont diluées dans de l'eau. Vaporiser votre espace de travail après ou avant une réunion peut créer un environnement plus productif. Vous pouvez ajouter des essences de fleurs au mélange afin de diminuer la tension et d'augmenter le calme.

321 Tofu mariné aux cacahuètes

Le soleil de la vie est fait de très petits rayons qui sont tout le temps lumineux.

Dr John Aiken

Les cacahuètes contiennent de la vitamine B3 (niacine), qui participe à la production de sérotonine et favorise la détente. Essayez cet encas délicieux et calmant lorsque vous vous sentez un peu tendu.

Coupez 450 g de tofu en petits rectangles. Mélangez 4 cuillères à soupe de beurre de cacahuètes, 2 cuillères à soupe de tamari et 1 gousse d'ail avec 25 cl d'eau. Placez le tofu dans un plat peu profond et versez le liquide par-dessus. Laissez mariner pendant 1 heure. Retirez ensuite le tofu de la marinade et placez-le sur une plaque de cuisson huilée. Faites cuire au four à 190°C pendant 30 à 45 minutes, ou jusqu'à ce qu'il soit croustillant. Mélangez une cuillère à soupe et demie de dictame au reste de la marinade et faites cuire à feu vif en remuant, jusqu'à épaississement. Placez le tofu sur un lit de riz et recouvrez de la sauce. Servez avec des légumes cuits à la vapeur ou frits à la poêle.

Pause mentale

322

Un esprit moins rempli signifie que le système nerveux peut être plus calme. Dans votre vie de tous les jours, assurez-vous de prendre des pauses régulières lors d'activité intellectuelle trop importante, et de ramener votre conscience dans votre corps.

Faites de votre mieux pour pouvoir prendre une pause-café du matin ou de l'après-midi loin de votre bureau et dans un environnement agréable. Écoutez les demandes de votre corps comme la soif, et étirez-vous ou levez-vous de votre chaise lorsque cela fait un moment que vous êtes assis. Résistez toujours à la tentation de sauter un repas. L'avantage d'avoir un esprit calme est que l'on a directement accès à la sagesse et à l'intuition.

Calme instantané

VÉTIVER CALMANT

Le vétiver a un effet stabilisant et calmant sur le système nerveux. Tamponnez de l'huile essentielle de vétiver sur vos plantes de pieds juste avant de vous coucher.

323 Balle anti-stress

Calme instantané

SOURIRES DE CŒUR

Souriez, puis sentez votre sourire affluer dans votre cœur avec chaque inspiration. Votre cœur sourit-il à présent ?

Les balles anti-stress en mousse, en caoutchouc mou ou en polyuréthane se déclinent en une grande variété de tailles; elles sont recommandées comme moyen de lutter contre le stress par de nombreux professionnels de la santé. Le fait de presser ces balles dans la paume de la main peut avoir un effet extrêmement calmant, favoriser la détente et vous aider à retrouver votre énergie. Ces balles agissent sur les points de réflexologie des paumes, et peuvent vous aider si vous avez subi des troubles musculosquelettiques.

Mettez vos pensées à distance

324

Cette technique permet de laisser glisser ses pensées sans s'y attacher. L'effet peut être très calmant. Voyez-les pour ce qu'elles sont : des pensées, rien de plus. Elles n'ont pas de pouvoir, sauf si on leur en donne. On n'a pas à croire ou à agir en fonction de ses pensées. Contentez-vous de les reconnaître, puis laissez-les partir.

Voyez vos pensées comme des voitures sur une voie rapide : ne les jugez pas, ne les analysez pas, mais contentez-vous de les regarder passer devant vous. Si vous les arrêtez, elles se perdront en chemin et seront bloquées sur la route plus longtemps que nécessaire.

325 Le chien tête en bas

Calme instantané

BAIN RELAXANT

Deux cents grammes de sels d'Epsom dans l'eau de votre bain détendra votre système nerveux et tous vos muscles.

Afin d'évacuer la tension de votre esprit et de votre corps, essayez la posture de yoga appelée chien tête en bas. Commencez par vous mettre à quatre pattes, prenez une grande inspiration et, sur l'expiration, soulevez votre bassin et étirez-le vers le plafond. Soutenez votre tête avec un traversin ou deux couvertures pliées. Une épaisseur suffisante placée sous votre tête créera une sensation d'élévation de la colonne vertébrale et de calme dans les épaules, le cou et l'esprit. Pour ne pas exercer trop de pression sur les poignets et les épaules, appuyez vos talons sur une couverture pliée s'ils n'atteignent pas le sol.

326 Sons calmants

Parfois, les sons peuvent être très apaisants. Les sons rythmés, monotones, graves et vibrants qui se répètent à un rythme de 60 à 70 fois par minute sont faciles à produire avec des objets que vous avez chez vous, et peuvent aider à bercer un esprit trop sollicité et vous amener vers un état de calme.

Voici des idées à essayer chez vous : une douche, un ventilateur électrique, un lave-vaisselle ou une machine à laver, une pendule au tic-tac bien audible, la ventilation de la salle de bains lumière éteinte, un métronome réglé sur 60 pulsations par minute, une radio ou une télévision réglées sur du bruit blanc, ou encore du jazz feutré et des stations de radio passant de la musique d'ambiance.

327 La respiration-soupir

Si tu es content d'être simplement toi-même et que tu ne te compares ni ne rivalises avec personne, tout le monde te respectera.

Laozi

Vous êtes tendu? Dites-vous «STOP!» À présent, inspirez par le nez lentement et régulièrement. A-l-l-o-n-g-e-z votre expiration, car cela aide à retenir le dioxyde de carbone, tranquillisant naturel. Prêtez attention à la pause naturelle qui survient à la fin de l'expiration. Au début de l'inspiration, dirigez votre attention en-dehors de vous, sur ce qui se passe dans le monde extérieur. Prêtez une attention silencieuse à ce que vous voyez ou entendez.

La respiration-soupir est un moyen d'interrompre le stress physique, plutôt qu'une technique de respiration à répéter. Au début, 1 ou 2 respirations-soupirs chaque demi-heure environ répondront probablement à vos besoins. Ensuite, visez à réduire votre besoin de la pratiquer, excepté pendant les périodes particulièrement tendues.

Buvez du lait chaud

328

Ce remède ancestral qu'est le verre de lait chaud pour se détendre n'est peut-être pas qu'un mythe, tout compte fait, car le lait contient du tryptophane, qui peut favoriser le calme et l'endormissement.

Essayez cette recette : faites chauffer 1 tasse de lait au micro-ondes jusqu'à ce qu'il commence à bouillir. Ajoutez-y 1 cuillère de miel, quelques gouttes de vanille et saupoudrez de cannelle (ou de copeaux de chocolat) et savourez votre boisson !

Calme instantané

DITES « AAAAAAH ! »

Prenez une grande inspiration, ouvrez la bouche et tirez la langue. À présent, évacuez toute la tension en disant « aaaaah ! ». Sentez les pensées toxiques quitter votre tête et la tension libérer votre mâchoire, votre cou et les muscles de votre visage.

329

Bain du soir

Pour vous aider à passer une bonne nuit aux pays des rêves, faites-vous couler un bain chaud auquel vous ajouterez un mélange de 18 gouttes d'huile essentielle de lavande et 6 gouttes d'huile essentielle de valériane. En sortant du bain, glissez-vous dans un lit bien chaud et confortable et racontez-vous une histoire du type conte de fées.

Vous pouvez commencer par: « Il était une fois une petite fille/un petit garçon… » ou « Il y a très longtemps, dans une lointaine galaxie… », puis laisser l'histoire faire ce qu'elle veut. Rappelez-vous, l'idée est de s'endormir à un moment de l'histoire, qui se changera en rêve. Vous pouvez aussi penser au meilleur moment de votre vie et le rejouer dans votre tête, ce qui aura le même effet calmant.

Augmentez votre apport en oméga-3

330

Les études montrent que, si l'on consomme des oméga-3 régulièrement, on est bien mieux armé contre le stress. Les meilleures sources d'oméga-3 sont les poissons d'eau douce comme le saumon, le maquereau, les anchois et les sardines, et les légumes verts à feuilles comme les épinards ou le brocoli. Les graines de lin et l'huile de lin sont aussi de bonnes sources d'oméga-3, tout comme les œufs, le bœuf et l'agneau d'élevage biologique.

331 Ne vous montez pas la tête

Calme instantané

TÂCHES SIMPLES

Effectuez des tâches simples : des travaux ménagers comme le balayage ou la vaisselle peuvent être un excellent moyen d'évacuer le stress, de faire ce qu'on a à faire et d'apaiser son esprit, et tout cela en même temps.

Lorsqu'on s'inquiète pour quelque chose, on a tendance à se focaliser sur l'objet de ses soucis en excluant tout le reste, et on se monte tellement la tête que l'on finit par ne plus savoir où on en est.

Si vous sentez que vous vous énervez, arrêtez-vous et forcez-vous à vous calmer. Utilisez l'une des nombreuses techniques de ce livre, et, une fois que vous vous sentirez plus calme, vous pourrez regarder les choses de manière plus rationnelle.

Prenez l'escalier

332

Si vous travaillez à l'étage dans un immeuble, oubliez l'ascenseur et prenez l'escalier, pour le bien de votre corps et de votre esprit. Gravissez chaque marche avec attention et en respirant lentement. Employez ce temps de solitude pour vous relier à vous-même. Marquez une pause à chaque palier; reprenez votre souffle et concentrez-vous un instant sur les bonnes choses de votre vie.

Rien ne contribue tant à tranquilliser l'esprit qu'un but solide ; un point sur lequel l'âme puisse fixer son œil intellectuel.

Mary Wollstonecraft Shelley

333 Le mantra bouclier

Cette technique permet de forcer les pensées anxieuses à s'arrêter, en préparant un mantra personnalisé qui fonctionne comme protection rapprochée. Le mot bouclier renvoie au fait que les pensées sont déviées et repoussées. Vous pouvez par exemple dire : «STOP!» ou «ASSEZ!»; dès l'instant où vous vous surprenez à avoir des pensées inopportunes, interrompez-les de votre exclamation mentale ferme et vigoureuse. À la longue, cette méthode vous aidera à estomper puis à éliminer les pensées anxieuses.

Méditation électronique

334

Notre style de vie moderne nous incite toujours à chercher des résultats rapides. Les enregistrements de méditation électronique sont peut-être ce qu'il vous faut pour pouvoir ralentir votre vie.

L'association de sons relaxants comme le bruit de la pluie ou de la musique méditative avec des battements binauraux incitera votre cerveau à plonger rapidement dans un état méditatif, ce qui favorisera la détente et le calme.

check-list 11

Quels progrès ?

Que vous ayez essayé plusieurs idées ou une seule ce mois-ci, il est bon de méditer sur ce que vous avez choisi d'expérimenter et pourquoi, et de voir si cela vous a réussi.

1. Combien d'activités avez-vous essayées ce mois-ci ?
- 1–3 activités ☐
- 4–10 activités ☐
- 11–20 activités ☐
- 21–31 activités ☐

2. Combien de ces activités avez-vous renouvelées plusieurs fois au cours du mois ?
- 1–3 activités ☐
- 4–10 activités ☐
- 11–20 activités ☐
- 21–31 activités ☐

3. Quelles activités ont eu un effet positif sur votre humeur ce mois-ci ?
Utilisez la page ci-contre pour consigner ce qui vous a réussi et ce qui ne vous a pas réussi.

Notes, remarques et pensées

335 Détendez votre esprit

Calme instantané

HERBE CALMANTE

Faites-vous donc des pâtes au pistou ce soir! Le basilic est une herbe très calmante, et c'est le principal ingrédient du pistou, que l'on appelle aussi pesto.

Apprenez à rester détendu, même en présence de facteurs stressants dans votre vie. Une technique utile pour se calmer consiste à laisser toute pensée perturbante demeurer dans son esprit, sans la combattre. Essayez ce qui suit.

Soyez conscient de la présence des soucis dans votre tête, puis dirigez délibérément votre attention sur votre détente physique. Cherchez à identifier toute tension qui réapparaît.
À présent, revenez à la pensée qui vous perturbe, et visualisez-la comme un dessin sur une page. Estompez ou réduisez progressivement cette image dans votre esprit jusqu'à ne plus voir qu'un tout petit point.
Répétez ce processus plusieurs fois si nécessaire et pour plus d'efficacité.

Le plein de vitamines B

336

Les vitamines B sont souvent appelées « vitamines du stress ». Bien qu'on les trouve dans de nombreux aliments, la viande fraîche et les produits laitiers sont les meilleures sources qui soient. Afin de préserver au mieux les vitamines B de vos aliments, évitez de trop les cuire.

L'idéal est de cuire les légumes à la vapeur, ce qui préserve mieux leurs vitamines que les faire bouillir ou mijoter. Si vous avez besoin d'un complément alimentaire, la meilleure solution est un complexe de vitamines du groupe B.

Toutes les choses que nous n'acceptons pas dans la vie ne font que nous donner du fil à retordre jusqu'à ce que nous fassions la paix avec elles.

Shakti Gawain

337 Attention à vos attentes

Quelles sont vos attentes par rapport à vous-même? Se peut-il que vous placiez la barre trop haut? Dans ce cas, vous pourriez bien vous réserver des désillusions et un sentiment d'échec. Pensez à ce qui vous conduit à la colère et à la frustration. Qu'est-ce qui vous met hors de vous? Demandez-vous s'il est vraiment important que les choses soient exactement comme elles sont. Cela vaut-il la peine de s'énerver?

Choisissez quelles attentes sont réellement importantes à vos yeux, et quelles sont celles qui ne le sont pas. Trop demander complique la vie; simplifiez-la et réduisez votre stress!

Un bain de camomille

338

La camomille romaine et la camomille sauvage ont toutes deux d'excellentes vertus. La camomille romaine est plus efficace pour traiter l'irritation, tandis que la camomille sauvage calme l'esprit. Évitez cependant d'utiliser ces huiles essentielles pendant la grossesse.

Faites bouillir 1 litre d'eau et faites-y tremper une poignée de fleurs de camomille fraîches ou séchées. Versez cette eau (et les fleurs) dans l'eau de votre bain. Préparez-vous une théière d'infusion de camomille en utilisant deux sachets. Versez-vous-en une tasse, et retirez les sachets. Plongez-vous dans votre bain, détendez-vous et sirotez votre infusion. Enfin, appliquez les sachets de tisane froids sur vos yeux, et continuez à vous détendre.

Calme instantané

Calme instantané

UTILISEZ L'OPTIMISME

Quelle que soit la raison de votre anxiété, aidez-vous à aller mieux en adoptant une vision des choses optimiste; cela fonctionnera bien mieux que de vous focaliser sur et ce qui pourrait mal tourner.

339

Abrégez votre liste de choses à faire

Si vous faites régulièrement des pense-bêtes, il se peut que cela ajoute parfois à votre stress au lieu de le réduire. Essayez donc d'élaguer votre liste; gardez trois choses à faire en priorité, puis savourez un moment de détente.

Vous avez peut-être l'impression que vous ne pouvez pas vous permettre de vous reposer en ce moment, lorsque vous regardez autour de vous et que vous voyez toutes ces choses qui attendent. Pourquoi ne pas plutôt les voir comme des distractions qui vous empêchent d'accepter l'endroit où vous vous trouvez en cet instant précis?

La prochaine fois, avant de vous lancer dans l'activité suivante de votre liste, arrêtez-vous un moment et appréciez l'espace.

Vapeurs d'orange

340

L'huile essentielle de néroli, appelée aussi essence d'orange amère, est le parfum idéal pour donner à votre maison un air de tranquillité. Le néroli sent délicieusement bon et possède des vertus équilibrantes et sédatives; son parfum hypnotisant remonte instantanément le moral. Porté sur soi, il aide à garder une contenance calme, et, comme huile de massage ou diluée dans le bain, il aide à combattre l'insomnie. Si vous aimez mélanger vos huiles, le néroli se marie bien avec le géranium, la lavande ou le bois de santal.

Calme instantané

Menthe calmante

La menthe peut aider à diminuer la colère et la nervosité; ajoutez donc un peu de menthe fraîche à votre repas pour vous sentir mieux.

341 Méditation au volant

Calme instantané

UTILISEZ VOTRE JOURNAL

SI vous ne trouvez personne à qui parler ou que vous avez juste envie de vous défouler en privé, essayez de tenir un journal : ce peut être un excellent moyen d'organiser vos pensées et d'évacuer vos émotions refoulées hors de votre organisme.

Si vous vous rendez au travail en voiture, alors ce conseil est vraiment pour vous. Transformez votre temps de conduite en moment de réflexion. Avant de démarrer, placez vos mains sur le volant et prenez plusieurs respirations profondes. Conduisez avec une attention totale, en pleine conscience. Pensez à votre liste de choses à faire. Laissez des mots comme « compatissant », « sérénité » et « calme » filtrer dans votre esprit. Laissez des pensées remplies de grâce vous porter avec amour tout au long de cette journée.

Prêtez attention à votre corps

342

Au cours de votre journée, prenez l'habitude de prêter attention à votre corps. Plusieurs fois par jour, coupez-vous de ce que vous êtes en train de faire pour vous recentrer. Asseyez-vous, fermez les yeux et prenez plusieurs respirations profondes tout en imaginant que la tension s'évacue lentement de votre corps. Remarquez le ralentissement et l'apaisement de votre respiration ; pensez à votre souffle et à rien d'autre. Ce n'est pas grave si vos pensées ne sont pas très productives pendant un petit moment !

343 La méditation zazen

La technique de méditation que l'on appelle zazen a pour fondement la concentration sur le souffle, et c'est une méditation assise et silencieuse. Vous pouvez vous asseoir sur une chaise ou à même le sol. Commencez votre pratique en position assise bien droite et immobile. Comptez chaque inspiration et chaque expiration en commençant à 1. Lorsque vous arrivez à 10, recommencez au début.

Si votre esprit se met à divaguer et que vous perdez le fil de vos respirations, ramenez calmement votre attention à votre souffle et recommencez à 1. À mesure que vous deviendrez plus expérimenté, vous pourrez cesser de compter et vous contenter de suivre votre souffle.

Les nerfs en pelote

344

L'agripaume est une herbe efficace. Elle n'est pas sédative, mais calmante, et vous laissera prêt à agir plutôt que monté sur des ressorts ou sortant de vos gonds ! Essayez 10 à 20 gouttes dans un peu d'eau dès que vous sentez que vous vous énervez ou juste avant un événement stressant. Répétez toutes les 5 minutes si nécessaire. Consultez votre pharmacien ou votre médecin avant toute utilisation.

Respiration costale

345

Pour détendre votre esprit et votre corps, allongez-vous. Contractez l'abdomen, inspirez lentement par le nez dans votre cage thoracique. Assurez-vous de diriger votre souffle entre vos côtes. Sentez-les se dilater et sentez votre poitrine s'ouvrir. En expirant, sentez les côtes se contracter vers l'intérieur. Répétez 5 fois.

346 « Je peux le faire »

Calme instantané

FAITES UNE SIESTE

Un moyen de maîtriser son anxiété est de faire une sieste. Dormir vous détendra et vous distraira de vos soucis.

La prochaine fois que vous vous trouverez en situation stressante, pensez à ce que vous pouvez faire et faites-le en son temps. On a tendance, lorsqu'on se sent tendu, à commencer à s'inquiéter de ce que l'on ne maîtrise pas ou à paniquer à l'idée de toutes ces choses difficiles ou impossibles qui devraient se passer. Concentrez-vous plutôt sur ce que vous pouvez accomplir à ce moment précis, et faites-le étape par étape. Cette attitude proactive et réaliste vous permettra de fixer votre esprit et de vous calmer.

Cuisinez un ragoût réconfortant

347

Cuisiner peut être extrêmement thérapeutique, et bien manger est bon pour la santé et pour le stress.

Pour un ragoût facile à faire et nourrissant, essayez ce qui suit. Coupez une sélection de légumes comme des carottes, des panais, des navets et tout ce que vous avez dans votre frigo. Ajoutez-y 450 g de viande de votre choix coupée en dés, 1 ou 2 cubes de bouillon de bœuf, 1 ou 2 pommes de terre coupées en petits morceaux, 1 verre de vin, 1 poignée de mélange d'herbes, et laissez mijoter pendant environ 45 minutes à feu moyen. Bon appétit!

348 Haricots mungo croustillants

Les haricots mungo sont une source naturelle de tryptophane, nécessaire à la production de l'hormone du bien-être que l'on appelle sérotonine. Essayez donc cette recette.

Faites tremper 250 g de haricots mungo toute la nuit. Essorez-les et séchez-les soigneusement. Faites-les frire dans de l'huile végétale à feu moyen en remuant fréquemment, jusqu'à ce qu'ils soient dorés et croustillants, ce qui devrait prendre entre 5 et 10 minutes. Placez-les ensuite sur du papier essuie-tout pour absorber la graisse et l'humidité, saupoudrez de sel de mer et laissez refroidir. Ils se conservent très bien dans des pots hermétiques.

Reculez d'un pas

349

Faites un pas en arrière afin d'examiner le monde dans lequel vous vivez. Appréciez le fait d'être une créature spirituelle qui se trouve par hasard à cet endroit et à cette époque.

Regardez le ciel nocturne et les étoiles. Pensez à la vaste étendue de l'univers connu, puis à l'immensité dont on ne sait rien. Si vous pensiez avoir un souci, vous semble-t-il important à présent? À l'échelle de l'univers, quel que soit votre problème, il n'est vraiment pas si important que ça. Lorsqu'on pense à un problème de cette façon, il rétrécit et devient même soluble.

350 Dix minutes pour retrouver le calme

Allongez-vous et prenez plusieurs respirations profondes, en gonflant votre ventre et votre poitrine à chaque inspiration. En expirant, dites-vous : «j'expire», et en inspirant dites-vous : «j'inspire».
Lorsque votre esprit sévade pour réfléchir à ce que vous allez faire à manger ce soir, mettez simplement l'étiquette «je pense» sur cette pensée, puis ramenez votre attention sur votre respiration. Lorsqu'on prend conscience de son souffle et que l'on apprend à observer ses pensées, on ne s'énerve pas aussi facilement, et on devient capable de tempérer ses réactions face aux situations difficiles.

Dieu, donne-moi la sérénité d'accepter ce qui ne peut être changé, le courage de changer ce qui peut l'être, et la sagesse de les distinguer.
Marc-Aurèle

Gérer ses pensées

351

Prendre conscience de ses pensées pendant quelques minutes plusieurs fois par jour peut être calmant et énergisant. Arrêtez-vous, et demandez-vous : « Comment me suis-je parlé à moi-même dans l'heure qui vient de s'écouler? ». « Ai-je employé un ton négatif ou me suis-je parlé sur un ton encourageant? ». « Sur quelles images mentales me suis-je arrêté? »

Durant ce processus, rappelez-vous que ce n'est pas le nouveau départ que vous prendrez demain ou la semaine prochaine qui vous rendra plus calme, mais la façon dont vous gérez vos pensées d'une heure à l'autre.

352 Encas de tryptophane

Calme instantané

DÉVIER L'ATTENTION

Combattez votre anxiété en déviant temporairement votre attention vers quelque chose qui n'a rien à voir avec l'objet de votre inquiétude. Vous verrez que vous vous sentirez sans doute mieux par rapport à la situation en question, et que vous serez bien plus détendu.

Les épinards et les graines de tournesol sont des sources naturelles de tryptophane, élément essentiel de la sécrétion par votre corps de sérotonine, une hormone du bien-être sans laquelle vous pourriez bien vous sentir déprimé. Essayez cet encas délicieux et bourré de tryptophane.

Lavez environ 700 g d'épinards frais, et faites-les cuire dans un peu d'huile jusqu'à ce qu'ils se ramolissent. Ajoutez-y 1 cuillère à soupe de graines de tournesol et 1 pincée d'ail, et faites cuire pendant 2 minutes. Assaisonnez de poivre noir et servez.

Marchez pieds nus

353

Vous vous sentez stressé? Ôtez vos chaussures et marchez pieds nus. Marchez sur de l'herbe et concentrez-vous sur la sensation que procure le contact du sol sous vos pieds. Si vous n'avez pas d'herbe à proximité, marcher sur de la moquette chaude ou sur un sol carrelé froid peut être tout aussi calmant et stabilisant. Dirigez votre conscience sur la sensation que vous procurent vos pieds nus. Sortez de votre tête et habitez votre corps et vos pieds.

354 Respiration Buteyko

Trouvez un endroit confortable où vous asseoir et vous détendre. Laissez votre respiration se faire plus lente et plus superficielle. Au début, il vous sera peut-être difficile de faire cela pendant plus de quelques secondes. Ce processus a pour but de vous apprendre à tolérer une légère «faim respiratoire». Si vous vous retrouvez à avoir le souffle court ou la gorge serrée, ou que vous commencez à respirer un peu plus profondément, c'est que vous en faites trop.

Avec un peu de pratique, vous pourrez adopter une respiration plus superficielle chaque fois que vous vous sentirez devenir stressé. Pourquoi cela marche-t-il? Principalement parce que, avec ce type de respiration, on constitue une réserve de dioxyde de carbone, qui est un tranquillisant naturel.

Ignatia apaisant

355

Nommée d'après le saint patron des retraites et des exercices spirituels, le *strychnos ignatii* est un arbuste qui donne la fève de Saint-Ignace, adjuvant émotionnel et physique précieux.
Sous sa forme homéopathique, ce remède est appelé Ignatia et utilisé pour traiter une grande variété de symptômes qui peuvent être causés par le stress émotionnel.

La faiblesse nerveuse provoquée par la perte d'un être cher, par les situations stressantes, par la frustration et la déception, ou encore par de longues périodes de travail ou d'étude intense peut être traitée par le remède Ignatia, à prendre en 30 CH.

Calme instantané

RALENTISSEZ

Si vous vous sentez stressé, accordez-vous une pause et ralentissez. Vous énerver pour aller plus vite ne vous aidera pas, alors détendez-vous.

356 Posture allongée confortable

Calme instantané

ENCAS SAINS

Des études suggèrent qu'un taux de glycémie faible peut être un facteur important d'anxiété. Assurez-vous que votre corps a une réserve de sucres lents suffisante en prenant un encas sain et savoureux.

Dans cette position détendue, vous verrez qu'il est facile d'être attentif au souffle qui traverse votre corps, en particulier dans le ventre et la poitrine, ce qui peut avoir un effet extraordinairement calmant.

Allongez-vous, le bas du dos soutenu par un traversin et la tête par une couverture pliée, un peu plus en hauteur que le reste du corps. Fléchissez les genoux en les amenant sur les côtés, croisez les chevilles et détendez les jambes. Soutenez vos cuisses à l'aide de couvertures afin de soulager toute tension dans vos jambes. Vos bras devraient reposer sur les côtés. Après quelques minutes, décroisez les chevilles et recroisez-les dans l'autre sens. Pour ouvrir davantage votre poitrine, tenez-vous les coudes et levez les bras au-dessus de votre tête.

Masque du visage au chocolat

357

Pour faire du bien à votre visage et à votre estomac, essayez ce soin du visage comestible au chocolat. Les fèves de cacao sont efficaces contre les stress grâce à leur taux de magnésium élevé.

Mélangez 3 cuillères à soupe de miel foncé, 4 cuillères à soupe de cacao pur (cacao amer en poudre), 2 à 4 cuillères à soupe de crème fraîche et un peu de flocons d'avoine pour lier le tout et créer une pâte lisse et légèrement épaisse. Appliquez-en sur votre visage, mangez-en un peu, puis allongez-vous et détendez-vous.

358 Prenez soin de l'enfant qui est en vous

Lorsque vous vivez des situations qui vous donnent un sentiment d'angoisse et d'impuissance, vos pensées peuvent dériver vers des souvenirs d'enfance liés à des expériences de peur et de solitude. Lorsque les enfants se sentent petits et sans défense, ils se tournent vers leurs parents ou leurs aînés pour chercher auprès d'eux la protection dont ils ont besoin.

Prenez le temps d'être un parent aimant envers l'enfant qui sommeille en vous. Faites-lui savoir que lui et vous vous sortirez de cette situation stressante, et imaginez-vous en train de vous prendre vous-même dans vos bras.

Étreignez ceux que vous aimez

359

Les embrassades sont un remontant naturel, sans substance chimique, et qui ne font pas grossir ! C'est un geste thérapeutique calmant et apaisant, et on ne peut pas étreindre quelqu'un sans être étreint en retour. Selon la thérapeute familiale Virginia Satir, il faut 4 étreintes minimum par jour pour survivre, 8 pour vivre normalement et 12 pour s'épanouir. Quel est votre quota d'étreintes quotidien ?

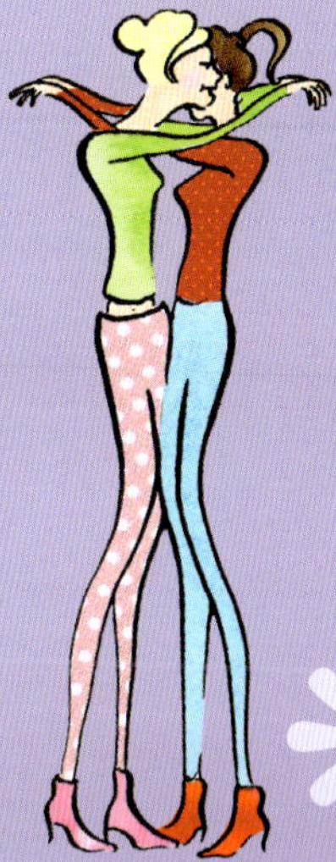

360 Massage des pieds

Calme instantané

UN PEU D'EXERCICE

Rien de tel qu'un peu d'exercice vigoureux pour se détendre rapidement.

La réflexologie, massage des pieds qui stimule le corps entier, fonctionne sur le principe que certaines parties des pieds sont reliées à certaines organes et canaux d'énergie dans le corps.

Masser doucement vos pieds (plantes, chevilles et orteils) avec de l'huile d'amande douce pendant 5 à 10 minutes peut adoucir et détendre de nombreuses parties du corps. Ajoutez-y quelques gouttes d'huile essentielle de vétiver, de bois de santal ou de lavande pour un massage encore plus calmant.

Du calme en stick

361

Achetez un bâton d'aromathérapie : c'est un petit flacon de la taille d'un tube de rouge à lèvres avec un applicateur «roll-on» comme on en trouve sur les déodorants. Une touche rapide sur les tempes, les poignets ou le cou offre un soutien thérapeutique instantané, selon l'huile essentielle que vous utilisez.

Essayez l'huile essentielle de lavande pour vous détendre, l'huile essentielle de vétiver pour stabiliser votre humeur ou l'huile essentielle de rose pour vous calmer.

Le bonheur est comme un papillon qui, lorsqu'on le poursuit, est toujours hors de portée, mais qui, si l'on veut bien s'asseoir sans bruit, viendra peut-être se poser sur vous.

Nathaniel Hawthorne

362 Immobilité

Ne faites absolument rien pendant 5 minutes complètes. Retirez votre énergie, votre attention et vos sens du monde extérieur. Être silencieux et immobile permet de rassembler ses énergies dispersées en soi-même, et déclenche toute une gamme de réactions différentes dans le corps. C'est une activité très calmante.

Si vous vous rendez quelque part en voiture, essayez de rester assis au volant pendant 5 minutes avant de sortir, ou arrangez-vous pour arriver tôt à un rendez-vous afin d'avoir le temps de rester assis calmement 5 minutes. L'immobilité ne consiste pas à s'avachir devant la télévision, mais tout simplement à passer du temps en votre seule compagnie.

À la douche

363

L'eau est un symbole spirituel puissant. En vous douchant, visualisez l'effet purificateur de l'eau sur votre stress.

- Imaginez l'eau tourbillonnant autour de vos pieds dans le sens des aiguilles d'une montre, puis dans le sens contraire des aguilles d'une montre.
- Sentez l'eau pénétrer votre corps et le cœur de votre être.
- Imaginez l'eau s'alliant avec tout le stress qui monte en vous, et jaillissant du sommet de votre tête comme une fontaine.
- Sentez l'eau glisser le long de votre corps rinçant tout résidu de stress.

Poursuivez ce processus jusqu'à ce que vous vous sentiez totalement purifié. Demandez à Mère nature de recycler cette eau qui s'en va en tourbillonnant. Sachez-vous purifié et calme à tous les niveaux.

364 Om mane padme hum

Cette phrase sanskrite signifie « Le joyau dans le cœur du lotus »; elle est excellente pour remonter le moral et calmer l'esprit. Trouvez un endroit confortable où vous asseoir, fermez les yeux et prenez 2 ou 3 respirations lentes et profondes. Répétez « Om mane padme hum » tout haut ou dans votre tête pendant 10 minutes. Si votre esprit divague, ramenez-le doucement au son « Om mane padme hum ».

S'il y a la lumière dans l'âme,
il y aura la beauté
dans la personne. S'il y a
la beauté dans la personne, il y aura
l'harmonie dans la maison.
S'il y a l'harmonie dans la maison,
il y aura l'ordre dans la nation.
S'il y a l'ordre dans la nation,
il y aura la paix dans le monde.

Proverbe chinois

Déridez-vous

365

Souriez. Évacuez tous soucis, tout stress et toute tension en relâchant vos muscles faciaux. Imaginez-vous en train de détendre et de dérider votre front, vos joues, vos yeux, votre langue, vos oreilles et votre cuir chevelu. Gardez la bouche légèrement ouverte : cela débloquera la tension de votre mâchoire et de votre cou. Laissez votre langue flotter dans votre bouche. Utilisez un miroir pour vérifier l'aspect des muscles de votre visage.

Si nous n'avons pas de paix,
c'est parce que nous avons
oublié que nous appartenons
les uns aux autres.

Mère Teresa

check-list 12

Quels progrès ?

Que vous ayez essayé plusieurs idées ou une seule ce mois-ci, il est bon de méditer sur ce que vous avez choisi d'expérimenter et pourquoi, et de voir si cela vous a réussi.

1. Combien d'activités avez-vous essayées ce mois-ci ?

- 1–3 activités ☐
- 4–10 activités ☐
- 11–20 activités ☐
- 21–31 activités ☐

2. Combien de ces activités avez-vous renouvelées plusieurs fois au cours du mois ?

- 1–3 activités ☐
- 4–10 activités ☐
- 11–20 activités ☐
- 21–31 activités ☐

3. Quelles activités ont eu un effet positif sur votre humeur ce mois-ci ?

Utilisez la page ci-contre pour consigner ce qui vous a réussi et ce qui ne vous a pas réussi.

Notes, remarques et pensées

Conclusion

Après avoir consulté et utilisé cet ouvrage, vous avez à présent une plus grande compréhension de la manière dont le stress peut vous affecter. Vous avez aussi expérimenté différentes activités pour vous aider à vous calmer. Certaines ont sans doute bien fonctionné, tandis que d'autres n'ont peut-être pas eu beaucoup d'impact sur vous. Il est maintenant temps de réfléchir à l'effet que ce livre a eu sur vous. Avez-vous changé après avoir effectué certaines activités? Que seriez-vous susceptible de modifier dans votre mode de vie suite à ces lectures? Quelles activités seriez-vous prêt à incorporer à votre quotidien, qui soient réalisables et pratiques? En augmentant le nombre d'activités calmantes, vous réduirez votre taux de stress, ce qui aura pour conséquence d'améliorer votre bien-être physique et mental. N'oubliez pas, l'objectif n'est pas d'éradiquer le stress de votre existence, ce qui ne serait pas réaliste. Le but est de le gérer et de le réduire grâce à des activités quotidiennes qui vous aident à rester calme. Suivez une idée par jour pour influencer votre état d'esprit et rester aussi serein que possible.

Notes, remarques et pensées

Notes, remarques et pensées

Notes, remarques et pensées

Notes, remarques et pensées